鷲沢玲子のパッチワークキルト
暮らしを楽しむ バッグと小物

はじめに

パッチワークキルトに出会い、40数年、まもなく70歳を迎えます。
ものを作る楽しさや達成感を味わえるキルト。
制作に長い時間はかかるけれども、だからこそ
人生と同じように休み休み歩んでいけるのが魅力です。

実は、今回のテーマである「バッグ」や「ポーチ」は
キルトにくらべると、今まであまり作ってきませんでした。
ご依頼をいただき、少し不安もありましたが
この歳でも挑戦してみよう！ と思い、引き受けました。

そうして取り組んでみると、予想以上に楽しんでいる自分に気づきます。
長年、パッチワークをやっていても、始めたころと楽しさは変わらず
ワクワクしながら配色を考えました。

ご紹介する作品は、〝やさしい縫い方と配色の楽しさ〟にこだわり
デザインしています。
ぜひ、楽しみながら、ごらんになっていただけると幸いです。

鷲沢玲子のパッチワークキルト
暮らしを楽しむ バッグと小物
Contents

Chapter 1　p.10
きほんのバッグ

小鳥のバッグ　→p.10

Chapter 2　p.22
お出かけバッグ

麻とレースのバッグとポーチ　→p.22
四角つなぎのバッグとポーチ　→p.24
ボール形バッグ　→p.26
ヨーヨーキルトのバッグとポーチ　→p.28

Chapter 3　p.30
お買い物バッグ

レモンスターのまち付きバッグ　→p.30
たためるエコバッグ　→p.32
変わりマルシェバッグ　→p.34
ぺたんこバッグ　→p.36

Chapter 4 p.40

ママと子どもの お気に入りバッグ

マザーズバッグと哺乳瓶ケース　→ p.42
おけいこバッグ　→ p.44
旅行用ファンシーケース　→ p.46
アクセサリーケースとワイヤー入り化粧ポーチ　→ p.47
クラッチバッグ　→ p.48

Chapter 5 p.52

可愛い小さなポーチ

ソーイングケース＆ハサミケース　→ p.52
じゃばらポケットのカードケース　→ p.54
いちごのポーチ　→ p.56
ヨーヨーキルトのミニポーチ　→ p.58
ユニオンジャックのポーチ　→ p.60

p.6　本書に出てくるパターン

p.38　column 1　私とパッチワークの出会い

p.50　column 2　私のお気に入りの作品 BEST 5

p.62　column 3　私を支えてくれる家族と仲間

p.65　作りはじめる前に

p.66　作品の作り方

本書に出てくるパターン

今回は、ビギナーから経験者まで、幅広い方々にパッチワークを使った小物作りを楽しんでもらえるように、単純なパターンやピースワークを使うことを心がけました。
慣れてくれば、自由に応用することもできるので、製図やつなぎ方は、このページを参考にして。

［基本パターン］

正方形

▶ p.24　四角つなぎのバッグとポーチ
▶ p.46　旅行用ファンシーケース

● 正方形の製図

三角定規2枚を使って描く方法をご紹介します。
長方形もこの要領で描けます。

対角線を引けば
直角二等辺三角形に

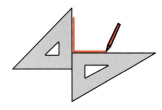 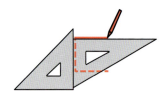 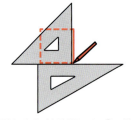

①2枚の三角定規を当てて直角を作り、縦・横のサイズをとって直角線を引きます。

②右側の三角定規を必要寸法のところまで上にずらし、必要なサイズ分の平行線を引きます。

③必要なサイズを確認して、①の縦線と平行に縦線を引きます。

④でき上がり。4つの角度がゆがまず、きちんと90度になっているかどうか確認を。

● ピースワーク　先に横の段を縫い合わせ、できた段同士をつなぎ合わせるのが基本的な縫い方。ぜひ覚えてください。

 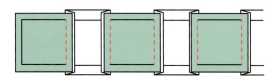

①縫い始めと縫い終わりはひと針、返し針をし、印から印までを縫います。

②順々に縫い合わせていきます。縫い代は互い違いに倒します。

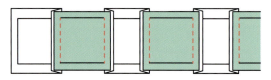

③次の段は、前の段と逆方向になるように縫い代を倒します。

 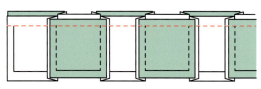 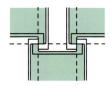

④段同士をつなぎ合わせるときは、交差がズレないようにしっかりとまち針を打ちましょう。

⑤端から端まで、ていねいに縫いましょう。

⑥交点が風車になるように縫い代を倒します。

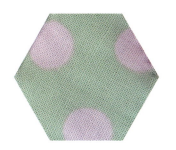

正六角形（ヘクサゴン）

▶ p.10　小鳥のバッグ

● **正六角形の製図**　コンパスを使って描きます。応用されることの多い製図方法です。

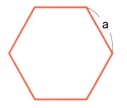 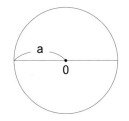 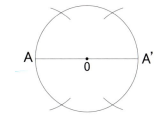 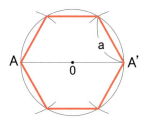

①六角形の1辺aを半径とする円を描きます。

②同じ半径で、図の点AとA'をそれぞれ起点とする弧を描き、円との交点を求めます。

③円上の交点を結びます。

"花形"に縫い合わせる方法は p.15 へ

● **ピースワーク**

代表的な六角形のパターンといえば"花形"。六角形のピース1枚1枚が花びらのように見える、可愛らしいデザインです。15ページ以降で、詳しくご紹介します。

ひし形

▶ p.30　レモンスターのまち付きバッグ
▶ p.56　いちごのポーチ

● **ひし形の製図**　上でご紹介した正六角形を基本にして描きます。

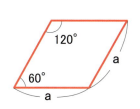 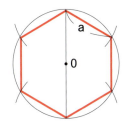 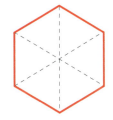 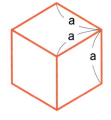

①ひし形の1辺aを半径とする円を描き、上と同様に正六角形を描きます。

②6つの角を対角線で結ぶと、正三角形が6つできます。

③②の正三角形2つ分が、ひし形1つ分になります。

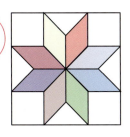

ひし形を使う「レモンスター」の詳細は p.8 へ

● **ピースワーク**

星のパターンに使われることが多いひし形。縫い合わせる枚数によって見え方がさまざまに変化します。この本では、星の原型と言われる「レモンスター」を使ったバッグをご紹介します。

［応用パターン］

オクタゴン

八角形のパターンです。二等辺三角形4枚をつなぎ、正方形単位にして縫い合わせていきます。八角形には、配色によっては丸く見える楽しさもあります。

▶ p.36　ぺたんこバッグ

● オクタゴンの製図

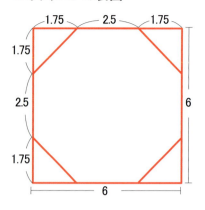

・製図のポイント
（「ぺたんこバッグ」の場合）

まず6㎝角の正方形を描き、四すみに1辺1.75㎝の直角二等辺三角形を描きます。直角二等辺三角形のいちばん長い辺が、八角形の1辺とほぼ同じ長さになります。

● 縫い代の倒し方

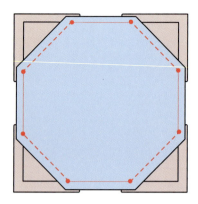

・ピースワークのポイント

八角形に三角形を中表に合わせて、端から端までを縫います。縫い代は外側に倒しましょう。

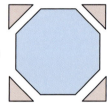

レモンスター

8つの先端をもつ星のパターンで、別名「エイトポインテッドスター」。数多い星のパターンのなかでも原型といえ、キルターたちが必ず試みるデザインです。2種類の布を使って、隣同士を引き立てるように配色するのがコツ。

▶ p.30　レモンスターの
　　　　まち付きバッグ

● レモンスターの製図

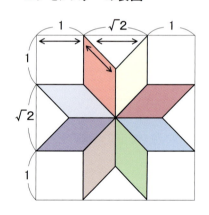

・製図のポイント

正方形の1辺を $1:\sqrt{2}:1$ の比率に分割します。
①対角線を引きます。
②対角線の2分の1の長さOP（下図参照）をコンパスにとり、各コーナーから弧を描きます。各辺との交点を縦、横、斜めの線で結び、さらに正方形の中心を通る垂直線と平行線を引いていきます。

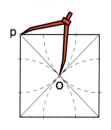

● 縫い代の倒し方

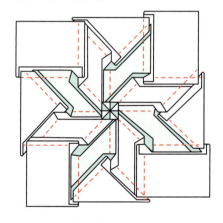

・ピースワークのポイント

図のようにひし形2枚を縫い合わせたものを4組作り、それを2組ずつ縫い合わせます（○印の位置まで縫います）。スターを半分縫い合わせたら、定規を当てて、線がまっすぐかどうか確認を。
四角形、三角形は、スターにはめ込むように縫います。

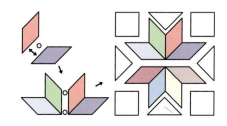

［パッチワークキルトの基礎用語］

パッチワークを始めたばかりの人にとっては、用語の一つひとつを少しずつ覚えていくことも必要です。
これだけは知っておきたいキーワードについて解説します。

これだけは知っておきたい用語

● **キルト**
キルトトップ（表布）とバッキング（裏布）の間にバッティング（芯）を挟み、3層をステッチで縫い合わせて作ったもの。

● **パッチワーク**
パッチとは、「つぎきれ」「つぎはぎ」の意味で、さまざまな図形を縫い合わせること。また、縫い合わせたもの。

● **ピース**
「1片」「1枚」「1切れ」の意味で、1つのブロックを作るための、三角形や四角形などの各図形1枚の布のこと。

● **ピースワーク、ピーシング**
三角形、四角形、ひし形などのピースをつなぎ合わせる作業のこと。

● **パターン**
パッチワークキルトを構成する図案のこと。

● **キルトトップ**
ピーシング、アップリケなどの手法で作った、キルトにするための表布のこと。

● **バッティング**
キルトトップとバッキングの間に入れる芯のこと。キルト綿、キルト芯とも。化繊綿、木綿綿、ウール綿などを用いることが多い。

● **バッキング**
キルトの裏側に用いる布のこと。裏布。

● **キルティング**
キルトトップ、バッティング、バッキングの3層を一緒に、ステッチで縫い合わせること。

● **パイピング、バインディング**
キルトの端の始末の方法のことで、表布や裏布を折り返してまつったり、別のバイアス布や横地布などで包み込む方法のこと。

● **ワンパッチ**
正方形、三角形、六角形などの同じ図形の型紙を用いて、ブロックを構成しないで、キルト全体を同じ図形で作り上げること。

その他のよく使われる用語

● **アップリケ**
フランス語のAppliquerに由来した言葉で、「貼りつける」「のせる」の意味。台布にいろいろ切り抜いた布を置いて、まつりつける手法のこと。また、そのもの。

● **落としキルト**
ピースワークやアップリケの縫い目のきわに施すキルティングのこと。キルティングの縫い目は見えにくいが、デザインを浮き上がらせる効果がある。

● **返し縫い**
ひと針進み、ひと目戻って縫う方法。縫い目を丈夫にするために用いる。パッチワークの場合、縫い始めと縫い終わりにひと目だけ返し縫いをすることが多い。

● **縦まつり**
まつり方の手法の一つで、針を縦に入れてまつる。小さな針目が表に出る。主にアップリケや縁布をつけるときに使う。

● **トラプント**
キルティングをしたキルトの裏側から、図案を浮き上がらせるために綿を詰めること、また、その手法でできたキルト。

● **巻きかがり**
布の端をすくって一方に巻くように針を進めて縫う方法。

キルトの寸法・縮みについて

同じ型紙を使って作ったとしても、キルトは作る人によって寸法に差が出てきます。型紙を布に写すときの鉛筆の太さや写し方に始まり、ピースワークのやり方にいたるまで、まさに人それぞれ。特にピースワークに関しては、線の上を縫う場合、中を縫う場合、外を縫う場合で、ずいぶん差がつきます。いちばんいいのは、比較的製図どおりの寸法に仕上がる線の上を縫う方法ですが、実践するのは難しいものです。

キルティングの際には、糸の引き加減で、きつい人は小さくなりますし、でき上がったキルトを軽く洗濯してのばして乾かす際の、のばし具合でも差が出ます。
ですので、でき上がり寸法どおりに仕上がらなくても、あまり気にする必要はありません。それより大切なのは、でき上がったキルトを洗濯する際に、色落ちや縮みを防ぐこと。布が決まったら、必ず洗濯をしてのりを落とし、軽くアイロンをかけて使用してください。

布目について

布地には必ず布目があり、パターンについている矢印は、布目の方向を示します。
みみの側を縦地といい、ほとんど伸びません。それに対して横地は、ほどよく伸びます。そして、布目が斜めのバイアス地は、かなりよく伸びます。以上の特徴を把握して、適切に使ってください。
ピースワークは、横地を生かすときれいに縫えますし、アップリケの茎やバスケットの持ち手のように細長くゆるいカーブのものは、バイアス地を使うのがおすすめです。

Bag & Pouch
Chapter 1
きほんのバッグ

「せっかくバッグを作るなら、可愛くて使いやすくて、丈夫なものがいい！」と思います。
だから、そんな希望をかなえる、とっておきのバッグを、まず最初にご紹介しましょう。
「ファスナーやまちもついているから難しそう…」なんて心配はご無用。
写真付きで詳しくご紹介しますから
ぜひ挑戦してみてください。

お気に入りの柄の布で！ マルチに使えるまち付き
小鳥のバッグ

型紙 **A**

余り布でこんなポーチも

六角形（ヘクサゴン）の花が咲き乱れるお花畑で遊ぶ小鳥をイメージしたバッグ。大きいものは、Ａ４のファイルが入るサイズ。小鳥柄の布は、カーテンなどに使われる丈夫なもの。両開き式のファスナーで、使い勝手も抜群です。

制作：大きいバッグ／本間真弓
　　　小さいバッグ／池田登志子
プロセス協力：有木律子・古川充子・
　　　　　　　大屋泰子・西岡三枝子・
　　　　　　　増田直子・的場恵美子・
　　　　　　　毛利恵美子

1 柄に沿って刺したキルティングで、フクロウがふんわり可愛く見えます。**2** １辺1.5cmの小さなヘクサゴンを縫い合わせて花の形に。**3** 裏側は一枚布に。柄の切り取り方や持ち手の布選びで違ったでき栄えになります。**4** 持ち手は肩かけや手提げができる長さ、まちはポーチが入る厚さを基準にしました。**5** キルト綿をつけたひも用布の中に毛糸を通して、持ち手の持ちやすさと強度をアップ。

布と道具を準備します

材料

① 土台布：少し厚手の丈夫な綿。
② パッチワーク用布：綿100％の平織りの布がおすすめ。
③ キルト綿：表布と裏布の間に挟む平面状の綿。化繊など、いろいろな素材がありますが、今回はポリエステル100％で、アイロンで布に接着できる厚さ5mmのものを使用。
④ キルティング用の捨て布：薄手の白い布。
⑤ 裏布
⑥ 持ち手、コーナー用布。
⑦ 毛糸：アクリル混紡の並太。洗濯可能で縮まないもの。
⑧ ファスナー：開閉しやすい両開き。

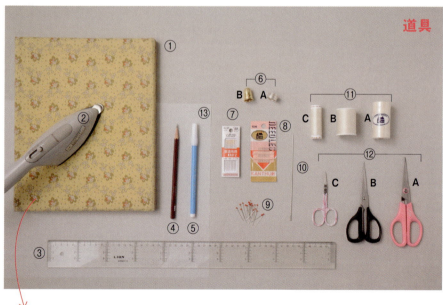

道具

① パッチワークボード：アイロン台やピースの印つけに使います。
② アイロン：縫い代を倒したり、接着キルト綿を貼る作業に必要です。
③ 定規：製図や印つけに使用。
④ HBかBの鉛筆：同上。
⑤ 印つけ用ペン：水で消えるタイプ。
⑥ A 指ぬき：布を合わせてぐし縫いする際に中指の第1関節と第2関節の間にはめ、指を保護。
B シンブル：キルティングの際に中指の指先にはめます。
⑦ しつけ用の長針。
⑧ キルト用針：細く短めの針。ピースワークやキルティングに使用。
⑨ まち針：布同士を仮どめします。
⑩ 毛糸針：毛糸を通す際に使用。
⑪ A しつけ糸：布同士の仮どめ用。
B キルト糸：キルティング用。
C 縫い糸：ピーシング用。
⑫ ハサミ：A 型紙を切る工作用、B 布の裁断用、C 糸切り用の3種類を用意。
⑬ 厚手のトレーシングペーパー：型紙を作る厚手の紙。

外側はアイロン台、内側は印つけの際に布が動かないようにする紙ヤスリ面と、型紙のカットや製図がしやすいカッターボード付き。縦29×横24cmの大きさが持ち運びしやすく便利。

製図と作り方順序を確認します

方眼用紙または紙に、土台やパッチワーク部分、まちや持ち手の各パーツを製図し、必要な布の用尺を確かめます。縫う前に、でき上がりまでのプロセスをシミュレーションすると、作業がスムーズに進みます。

材料（左ページの写真参照）

① 土台布…75×55cm
② パッチワーク用布6種
　…各20×18cm
③ 接着キルト綿…110×50cm
④ キルティング用の捨て布
　…80×35cm
⑤ 裏布…80×85cm
⑥ 持ち手、コーナー用布…50×25cm
⑦ 毛糸…適宜
⑧ 両開きファスナー…長さ50cm

【必要なピースの枚数】

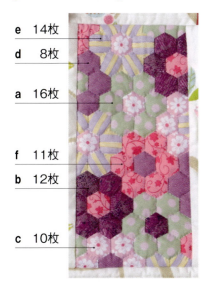

e　14枚
d　8枚
a　16枚
f　11枚
b　12枚
c　10枚

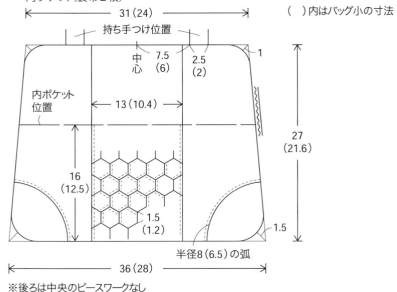

本体前（トップ、キルト綿、キルティング用捨て布、裏布 各1枚）
本体後ろ（表布、キルト綿、キルティング用捨て布、裏布 各1枚）
内ポケット（裏布2枚）
（　）内はバッグ小の寸法

※後ろは中央のピースワークなし

持ち手2本（表布、接着キルト綿 各2枚）　※裁ち切り 7×45（大）6×37（小）

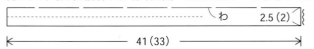

まちA（表布、接着キルト綿、裏布 各1枚）

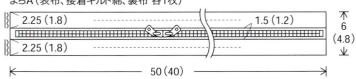

まちB（表布、キルト綿、裏布 各1枚）　　　縫い代始末布（裏布2枚）

※そのほかは、縫い代1cmをつけて裁つ。
※ポケットは、本体前の下部分と同じ型紙を用い
　内ポケット口位置をわにして裁つ。

作り方順序

1 型紙を作り、布を裁ちます。
2 パッチワーク部分（花形）を作ります。
3 バッグの本体を作り、持ち手をつけます。

1 型紙を作り、布を裁ちます

製図した寸法を直接、布に描くのは、布がズレるなど失敗のもと。手間はかかるけれど、型紙を作ると安心です。
今回は巻末の実物大型紙を活用しても。布を裁断する際は、型紙と布がズレないような机やボードで作業します。

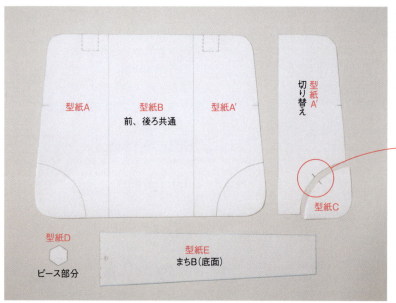

製図に厚手のトレーシングペーパーを重ね、各パーツを写して型紙を作ります。型紙は、破れにくく、布柄が透けて見えるトレーシングペーパーがおすすめ。鉛筆は芯がやわらかく、線が見えやすいHBかBを使用します。

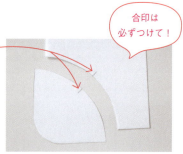

合印は必ずつけて！

合印は、縫い合わせる際に布がズレないようにつける印のこと。コーナーの曲線、底面の中央、まちの縫い合わせ位置に。

① 土台布を裁ちます

表布の好みの柄の位置に型紙A'をのせます。仕上がり線と合印を写し、縫い代を1cmつけて裁断。後ろ布は型紙A＋B＋A'を切り離さずに使います。コーナー用布は型紙Cをのせて、同様に裁断します。

② 六角形のピースを裁ちます

● 柄を気にしない場合

布aの裏面に型紙Dをのせ、周囲を1.4cmあけて、仕上がり線を写します。パッチワークボードの紙ヤスリ面を使うと布がズレず、作業がスムーズ。

● 柄を気にする場合

好みの柄に型紙をのせ、仕上がり線を写して7mmの縫い代を足してカット。ここでは、布cの花柄を中心に裁断します。

2 パッチワーク部分（花形）を作ります

六角形（ヘクサゴン）のピースを縫い合わせ、人気のロゼの花を作ります。印から印までぐし縫いする、単純な作業の繰り返しだから、誰でも簡単！ 細かく縫うことより、まずは等間隔に縫うことを心がけてください。

① カットしたピースを並べてつなぐ位置を確認します

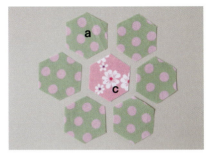

花柄のcを花芯に見立て、水玉模様の花びらがまわりを囲むイメージに。cを真ん中に、a6枚をまわりに並べ、縫う順番を確認します。

② aに縫い代の印をつけて印から印までを縫います

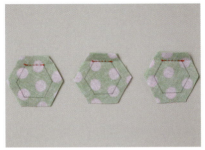

a2枚を中表に合わせ、印にまち針を打ち、玉結びをしてぐし縫いします。始めと終わりは返し針して、終わりは玉どめ。これを3組作ります。

③ ②のひと組とc1枚を合わせまち針でとめます

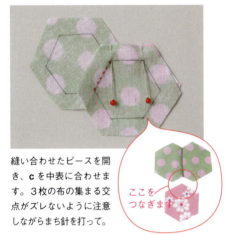

縫い合わせたピースを開き、cを中表に合わせます。3枚の布の集まる交点がズレないように注意しながらまち針を打って。

ここをつなぎます

④ ③の印から印までを縫います

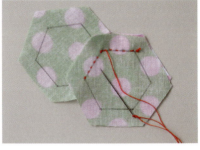

②と同じやり方で縫いはじめます。印まで縫って返し縫いしたら、そのまま糸を切らず、針を休めて隣の布を縫う準備をします。

⑤ 最後の1辺を縫います

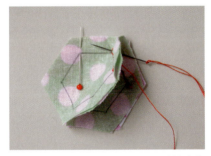

隣のaとcを中表に合わせます。3の針を交点に出し、ひと針縫って返し縫い。縫い代をよけて縫い進め、終わりは返し縫いして玉どめ。

花芯cと花びら2枚がつながった状態に。

⑥ ⑤に②の残りのふた組をつなぎます

矢印の順に縫いつなぎます

写真のような順番でaとcを縫い合わせます。交点の始めと終わりは必ず返し縫いして、縫い代をよけて縫うのがポイントです。

花形が1つできました！

1つでき上がると、ワクワクした気分に。布がズレないようにまち針をしっかり打ち、印から印まで縫えば、きれいに仕上がります。

裏返すと

縫い代は最後にまとめて倒し、きれいに処理するので、そのままにしておきます。

⑦ 花形をすべてつないで配置を確認します

写真のように、それぞれのブロックを縫い合わせ、製図の配置どおりに並べて配色や布合わせをチェック。気になる部分があれば修正します。

⑧ 上から順につなぎ合わせます

15ページの**5～6**と同じ要領でブロックを縫いつなぎます。ランダムに縫い進めると、交点がズレやすいので、上から順番につないで。

⑨ 縫い代を倒してアイロンをかけます

縫い代の交点を風車のように倒し、アイロンをかけます。小さいアイロンを使うと、小回りがきき、角がきれいに倒れます。

⑩ 型紙を当ててサイズを確認します

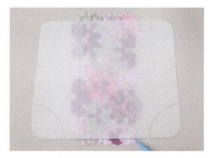

パッチワーク部分の裏面を上にします。縫い代を1cmとれる位置に型紙Bをのせ、仕上がり線の印をつける位置を確かめます。

⑪ 裏側に仕上がり線を引きます

定規で印をつなぎ、印つけ用ペンで仕上がり線を引きます。バッグの入れ口や底面の仕上がり線も忘れずに描き込んでおきましょう。

⑫ 余分な部分をカットします

縫い代を1cm残し、余分な部分をハサミで切り落とします。これでパッチワーク部分の準備は終了。あとは本体の縫製を残すのみ！

> パッチワーク部分ができました！

裏返すと

バッグの主役ともいえるパッチワーク部分が完成！ ストライプや小花柄を楽しげに生かしました。この時点では、裏側の縫い代が、複雑なフリルのように見えます。

3 バッグの本体を作り、持ち手をつけます

いよいよ、バッグの縫製です。小鳥の柄を生かしたパーツを縫い合わせます。ファスナーは、直線のまちに縫いつけるだけなので、"ファスナーつけは苦手"と敬遠している方も大丈夫。安心してチャレンジしてみて。

① バッグの前、後ろの布の表側に仕上がり線をつけます

1-1で裁断した前布とコーナー用布、パッチワーク布を並べます。後ろ面は後ろ布とコーナー用布を用意。コーナーと底面の中央、まちA、Bの縫い合わせ位置に合印をつけます。

合印を忘れずに！

② 前・後ろともに、パーツをつなぎ合わせます

パーツを中表に合わせ、印にまち針を打ってつなぎ合わせます。パッチワーク部分の縫い代は表布側、コーナーは水玉模様の布側に倒します。

③ 接着キルト綿を裏側に貼ります

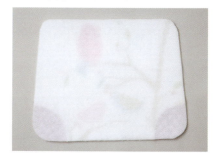

接着キルト綿を型紙より1cm大きくカットし、後ろ布の裏面に重ねます。接着キルト綿は、のりのついた面を後ろ布に合わせます。

④ ③にアイロンをかけて接着します

表を上にして当て布をのせ、アイロンをかけて接着します。アイロンは中温くらい。前布も、同じように接着キルト綿を接着します。

⑤ キルティング用の捨て布を当てて、しつけをかけます

キルティング用の捨て布に前布を重ね、中心から左右、上下、外周の順にしつけをかけます。

⑥ キルティングをします

表布、キルト綿、捨て布の3枚をキルティング。六角形部分は縫い目のきわ、土台布は柄に沿って。終えたら、縫い代を1cmに切りそろえて。

拡大すると…

左の写真の①②の順に、縫い代が倒れていない布の縫い目のきわをキルティングします。縫い始めは結び玉を内側に引き込み、終わりは2回、返し縫いしましょう。

縫い始め 少し離れたところから針を入れ、結び玉を内側に引き込みます。

縫い終わり ひと針分、針を出して2回返し縫いをし、針を少し離れたところに出して糸を切ります。

前／後ろ

⑦ 上部分のまちAの布とファスナーを用意します

仕上がり寸法に1cmの縫い代を足し、まちAの表布、接着キルト綿、裏布をそれぞれ2枚ずつカット。表布と裏布に仕上がり線を引きます。

⑧ 当て布を当てて接着キルト綿を貼ります

接着キルト綿の接着面を上にして、表布を外表に重ねます。当て布をのせてアイロンをかけ、キルト綿を接着。もう1枚の表布も接着して。

⑨ ⑧にファスナーを縫いつけます

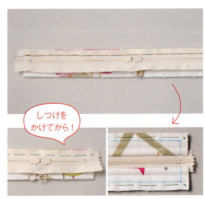

しつけをかけてから！

⑧の表布とファスナーを中表に合わせ、仕上がり線に沿ってしつけをかけ、ミシンで縫い合わせます。もう1枚の裏布も縫い合わせて。

⑩ ⑨に裏布をまつりつけます

⑨のファスナーの裏面に、縫い代を内側に折った裏布を外表に合わせ、しつけをかけてからまつりつけます。まつり終えたら、折り山から1㎝下をミシンで縫います。

⑪ 底部分のまちBの布を用意します

仕上がり寸法に1㎝の縫い代を足し、まちBの表布、接着キルト綿、裏布をカット。表布に仕上がり線を引き、裏面に接着キルト綿を接着。

⑫ ⑪の表布にキルト綿を貼ってミシンで縫い、毛糸を通します

表布と裏布を外表に重ね、しつけをかけます。6等分間隔にミシンをかけ、表布とキルト綿の間に毛糸を2本ずつ通します。

⑬ まちA、Bと縫い代始末用布を合わせます

まちB、まちA、縫い代始末用布の順にパーツを中表に合わせ、まち針を打ちます。厚みがあるので、まち針はしっかりと打って。

⑭ ⑬を縫い余分なところをカットします

仕上がり線をミシンで縫い、はみ出した毛糸や縫い代を1㎝にカット。反対側のまちも同じように縫い合わせ、まちAとBを輪にします。

⑮ まちBに縫い代始末用布をまつりつけます

縫い代始末用布でまちAとBの縫い代を折り込み、まちBにまつりつけます。反対側のまちも同じようにして、縫い代を隠します。

⑯ 持ち手用の布を用意します

持ち手用布と接着キルト綿を裁断します。キルト綿は持ち手用布より上下1㎝ずつ小さなサイズにカット。2枚ずつ、用意します。

⑰ 接着キルト綿を貼り縫い代を折り込みます

持ち手用布の裏面の縫い代線に合わせ、接着キルト綿を接着します。縫い代を内側に折り込んで、しつけをかけます。

⑱ 縫い代を重ね合わせまつりつけます

持ち手用布を外表に二つ折りにして、縫い代の折り山をまつり、2.5㎝幅のひもにします。もう1本の持ち手も、同じように仕上げて。

㉑ **センターにミシンをかけ毛糸を通します**

縫い目を端にして持ち手を平らに押さえ、中心にミシンをかけます。2カ所の穴に4本取りにした毛糸を通し、毛糸の端をカットします。

㉒ **バッグの本体に持ち手を仮どめします**

18ページの**6**で仕上げた前側の表面に、持ち手を下向きに合わせ、しつけをかけます。持ち手の縫い目は内側に、わを外側に合わせて。

本体とまちの縫い合わせなど、布やキルト綿で厚くなる部分は目打ちで布を押さえて、ゆっくりミシンがけして。面倒に思うかもしれませんが、しつけをかけるひと手間でズレる心配がなくなり、仕上がりが格段に美しくなります。

前

㉑ **バッグの前側とまちを中表に合わせて縫います**

持ち手も一緒に縫いつけます

19ページの**15**で輪に仕上げたまちを、バッグの前側に中表に合わせます。合印をまち針でとめたあと、ほかの部分もとめて縫い合わせます。

後ろ側も同じ要領で、袋口に持ち手を下向きにしつけでとめ、まちを中表に合わせて縫い合わせます。

後ろ

㉒ **裏布を準備します**

後ろ面の型紙A＋B＋A'に縫い代を1㎝足した裏布(左)を2枚、ポケット用の布(右)を2枚、用意します。

㉓ **ポケット布の上部と中央を縫って裏布にミシンで縫いつけます**

ポケット用の布を外表に二つ折りにして、わの部分にミシンをかけます。ポケット用の布を裏布の表面に合わせて中央にミシンをかけます。

㉔ 縫い代を折り込んでしつけをかけます

片側は3ポケット

縫い代を裏側に折り、しつけをかけて。カーブはしわになりやすいので細かく縫います。片側のポケットは仕切りを3つ作りました。

㉕ 21で縫い合わせた縫い代を中へ折り込み裏布をまつりつけます

拡大すると…

前側の仕上がり線に裏布を外表に合わせてまつります。コーナーや底面の合印に細かくまち針を打ち、ズレないように気をつけて。

前側や後ろ側の縫い代を折り込み、縫い目が布端に対して直角になるように、縦にすくいます。

前

後ろ

完成

後ろ

前

前側は真ん中をパッチワークの布で切り替え、後ろ側は小鳥柄の一枚布に。コーナーで切り替えたドット柄の布が、デザインのアクセントになりました。

Bag & Pouch
Chapter 2

お出かけバッグ

「ちょっとそこまで」のカジュアルな外出から
おしゃれに着飾ってのお出かけまで――
どんなシチュエーションでも、バッグやポーチは楽しい気分を盛り上げる、大切なお供。
私なりのこだわりを貫いた、お気に入りたちをご紹介します。

「旅先で見つけたとっておきの
リボンやレースと一緒にお出かけです」

斜めにつけたレース飾りがパッチワークを思わせます
麻とレースのバッグとポーチ

赤バージョンは清楚なレースにご注目

作り方 **66** ページ　型紙 **A**

刺しゅう入りのエンブロイダリーレースを、麻布の水玉模様に沿って斜めに縫いつけたプチバッグ。バケツ形を逆さにしたようなフォルムとオーバルの底面で可愛さがアップ。ふだんのお出かけだけでなく、パーティやフォーマルな場にも使えそうです。

制作：谷上協子・星野尚子・
　　　成田初子・鈴木直子

型紙 **A**　作り方 **67** ページ

くるみボタンやタッセルで、持ち手の端を目隠し。軽やかに揺れるタッセルが華やかなアクセントに。

袋口から見える裏布は、表布に合わせた色柄をセレクト。持ち手は華奢(きゃしゃ)なワンハンドルにして上品に仕上げました。

エンブロイダリーレースに縫いつけたビーズがエレガント。花模様のブレードテープの可愛さが引き立って。

「パッチワークの始めは、四角つなぎ。
大好きな布たち、集まれ!」

S字フックS ¥120、S字フックM ¥180、鍵 ¥700／
すべてMOMO natural 自由が丘店

ワンパッチでできる手軽さがうれしい、シンプルバッグ
四角つなぎのバッグとポーチ

布の配置しだいで無数のバリエーションがある正方形。今回はあえてパターンにせず、1930〜50年代にアメリカで穀物入れに使われたフィードサックを、気ままにつなぎました。正方形は製図しやすいので、サイズも自在に変えられます。

制作：麻生洋子・中島和子

素朴な風合いでどこにでも連れていきたくなる

作り方 68 ページ

持ち手とパイピングをストライプにして、すっきりした印象に。フィードサックは柔らかで針が通りやすく、ピースワークに最適。

残り布で作ったポーチ コスメや薬入れに！

不規則な柄布の間にストライプやチェックを入れて、全体を引き締めて。底面は奥行き8cmで、コンパクトを平らに入れることも可能。

作り方 69 ページ

「寒い冬、ウール使いでバッグの中まで暖まりそう」

"ビスケット"のような五角形と六角形をかがり縫いでつなげて
ボール形バッグ

五角形のピースでおもちゃのボールを作ったときに思いついたアイデア。暖かなウールの風合いが、ほっこりした形にぴったりです。ウールはコットンにくらべて布目が粗いので、縫い合わせるときに、糸を少し引っぱりぎみにして縫います。

制作：有木律子・三浦百惠・髙橋淑子

型紙 A

作り方 70 ページ

インテリアにだって役立ちます

小さなサイズは文房具入れにもちょうどいい

全面にヨーヨーキルトをつけたら
まるでお花畑のよう！

ヨーヨーキルトの
バッグとポーチ

ヨーヨーキルトは、上下左右の4点をバッグに縫いとめます。始めに外周に沿って縫いつけ、中側を埋めて。

チェーンをつけて
ポシェットにしても

作り方
72
ページ

型紙
A

3種類の大きさのヨーヨーキルトをバッグにちりばめて。私は、端ぎれが出たときに円形に切り、時間を見つけてヨーヨーキルトを縫いためています。たくさんできたらカーテンやサマーキルトに。円と円の間が透けて、とてもきれいですよ。

制作：福永能文子・岡田鈴子・
藤井良子・石井節子

「ヨーヨーは持ってみたときの手触り満点。見て、触って楽しい」

こちらは長方形の布で作ったヨーヨーキルト。ストライプの縞模様が同心円の模様に変わる、ファブリックマジックが楽しい作品です。

作り方 73ページ　型紙 A

ヨーヨーキルトと同じストライプ柄を土台布に。ヨーヨーに合わせてスカラップにした袋口がチャーミング。

Bag & Pouch Chapter 3
お買い物バッグ

たっぷり入って丈夫なバッグは、いくつかもっていたいもの。
自分が使っている便利な市販のバッグを参考に
さまざまなパターンのアイテムを考えました。
パッチワークのエッセンスを加えて、可愛さを盛り上げています。

使う頻度No.1のトートバッグを人気のレモンスターで

レモンスターのまち付きバッグ

作り方74ページ

レモンスターは、私がパッチワークを始めたころ、うまく縫えなくて苦心した思い出のあるパターンです。ひし形の星の基本ともいえ、配色しだいで別のデザインが浮かび上がる面白さがあるので、ぜひチャレンジしてみてください。

制作:藤田和世・山上ますみ

同じ布を使っても、柄の取り方や配置で表情が変わります。向かって右は黒、左は赤をメインに配色して。

ジーンズなどのカジュアルな装いにもマッチ。肩にかけて持ち歩けるポピュラーなデザインに仕上げました。

シューズ柄の布を主役にして

レモンスターのピース2枚を異なる布柄にすると、星の連続模様とはひと味違った印象に変わります。

「誰もが愛する星。夜空の輝きをパターンにこめて」

デッキブラシ¥2800、レインシューズ¥5800/
ともにMOMO natural 自由が丘店

「小さくたためて軽くてうれしい袋たち」

フック各¥1000／オルネ ド フォイユ

サブバッグには見えない仕立てと可愛さが魅力です
たためるエコバッグ

作り方75ページ
型紙 A

パリジェンヌが持っていたおしゃれなエコバッグに刺激され、コットンにオーガンジーを重ねたシャドーキルト風に仕立てました。おしゃれなだけでなく、丈夫で汚れにくいのもいいところ。袋口に見返しをつけ、脇を袋縫いしたので、内側もすっきりときれいです。

制作：佐藤茂子・小堀道代・内堀ヤス子

たためば約13×8cmにまで小さく

本体を縦に三つ折りして丸め、裾のループでとめると、携帯に便利なコンパクトなサイズに変身します。

一枚布で仕立ててもOK。リアルなリンゴが可愛いプリント地は、アメリカ製です。

「たっぷり物が入り
　　肩にかけても体になじみます」

使いやすい口の広さと細部のデザインにこだわりました
変わりマルシェバッグ

大好きな「ヴィヴィアン・ウエストウッド」のバッグをヒントにひらめいたデザイン。斜めに立ち上がった底のラインが特徴です。今回は、チェックや花柄、ドットなどの柄の魅力を生かしたくて、同じ幅のストリングにしましたが、ランダムな幅にしても、もちろん素敵です。

制作：古川充子・村上勇子・宮崎清子

ドット×赤をテーマに

作り方 76ページ　型紙 A

（上）マルシェの買い物シーンをイメージして、フルーツ柄をふんだんに使用。（左）布の幅を変え、さらに布花で立体感をプラスしました。

野球のベース形に縫った前・後ろ面を底面に折り込み、中央の重なりを底の共布でカバー。底面が丈夫で安定感もアップ。

買い物にもお出かけにも持っていきたい、絶妙なサイズ感

ぺたんこバッグ

縫製が簡単で形もシンプルなバッグ。左の2つのように、八角形のピースを鮮やかな色柄にすると、オクタゴンがコロコロした丸形に見え、北欧のテキスタイルの雰囲気に。落ち着いた色柄にすると、四角いピースの動きが可愛いバッグになります。

制作：竹内美津子・秋山明美・石川きよみ

作り方 71 ページ

型紙 A

私とパッチワークの出会い

私がパッチワークキルトに出会ったのは、20代後半のこと。それ以来
数々の出来事に遭遇しながらも、キルトにどんどん魅せられて——
そんな私の足跡を少し振り返ってみたいと思います。

内向的だった幼少期
飽きっぽかった学生時代——

小さなころの私は、活発で行動力があるタイプというよりは、のんびりした子どもだったと母からよく聞かされました。一日じゅう、自分の部屋で本を読んだり、ぼんやりしたり。そんなおとなしい子だったようです。

けれども、幼いころから、コツコツと練習を積み重ねてステップアップすることに興味がありました。たとえば、バレエやピアノ、刺しゅう。そして学生時代のゴルフ。その時々で夢中になるものの、どれも途中で飽きてしまう……。そんな時期が長く続いたように思います。「これだ」というものに出会えずに、学校を卒業し、結婚、出産。育児の合間に手仕事を趣味として楽しむ、とりたてて不満のない日常生活のなかで、目にとまったのがパッチワークキルトの雑誌でした。ちょうどそのころ、私は最愛の母を亡くし、失意のなかにいました。家庭科の教師でもあった母が私に残してくれた手作りのレース編みや刺しゅうのあたたかみ。私も同じように、この世に何か残したい——そんな思いが、パッチワークキルトの面白さに目覚めるきっかけとなったといえるかもしれません。

アメリカ・ロサンジェルスにて。現地のキルターに直接話を聞くことができ、感激！ この旅で「シンブル」の存在を初めて知り、日本に持ち帰りました。

本場アメリカで
パッチワークに触れて

同じパターンでも、色合わせ、柄合わせでまったくの別物に見えてくる——そんなパッチワークの奥深さに惹かれて研究しはじめた、師をもたない私を導いてくれたのは、国内外の先達が出版した、キルトの本でした。特にキルトの歴史とは切っても切れないアメリカの本は、私のキルト人生の原点。辞書で必死に訳し、試行錯誤を繰り返しながら、何枚のキルトを作ったことでしょう。

そして、生涯、キルトの仕事を続けていきたいと思いいたったのが、35歳のとき。経験は浅くとも、自分の信念を曲げることなく、思いのまま突き進めると信じ、お店と教室「キルトおぶはーと」を開くことを決意しました。教室に集まってくれた仲間たちと、初めて渡米したときのことは、今でも鮮明に覚えています。キルトが必需品であったアメリカの開拓時代をたどる旅を、アメリカ建国250年の際に出版社が企画してくれたものでした。私が訪れたニューイングランドやアーミッシュ村、ボストンでは、キルトが特に盛んで、見るものすべてが新鮮でした。美術館でトラプントを施したキルトを初めて見て感動したことも、90歳のおばあちゃんキルターに思いがけず話を聞けたことも、今の私の血となり、肉となって、作品づくりや日々のレッスンに生かされています。

「キルトおぶはーと」が軌道に乗り展示会を開くまでになって

お店の名前である「キルトおぶはーと」には、私のキルト作りへの信条をこめました。すなわち、でき上がりのよし悪しではなく、心のこもったひと針ひと針の結果としての生きた作品づくりを願う気持ちです。

その思いに賛同して、私についてきてくれる生徒さんたちは、今300人にもなるでしょうか。1987年に東京・代官山のヒルサイドテラスで開催した「キルトフェスタ」は、教室の生徒さんたちと行った初の展示会。連日、試行錯誤しながら作品展示のアイデアを出し合ったことが、昨日のことのように思い出されます。それ以降、2年に一度、私と研究生たちの集大成として行っていますが、毎回テーマを決めて、常に新しいことにチャレンジすることを心がけます。たとえプライベートで作った作品であっても、自己満足だけで終わらせず、人にも見てもらう。そうすることで、多くの人の心にそれぞれの思いを残すことができ、その作品が、なおいっそう輝けるはずだから。そんな思いを新たにしながら、今また、次回の「キルトフェスタ」の構想を練っています。

東京・国立の以前の教室にて、サンプラーキルトを前に講義中。当時も今も、ほっと心なごむようなアットホームな雰囲気を大切にしています。

> 35歳で「キルトに人生を捧げよう」と心に決めて
> はや四半世紀——
> よくここまで続けてこられたと我ながら感心しています

代官山ヒルサイドテラスで開催した「キルトフェスタ」の準備中の様子。キルトをプレゼントの包装紙に見立てるなど、斬新なアイデアを実践しました。

Chapter 4 — Bag & Pouch

忙しい毎日が続いても、明るくて活動的なママが多いですね。
そんなママたちを応援するための、バッグやポーチを考えました。
愛情たっぷりのキッズアイテムも、ぜひ、ご参考に。
若いママたちに「手作りに挑戦してみようかな」なんて思ってもらえたら
こんなにうれしいことはありません。

ママと子どもの お気に入りバッグ

ベッドに敷いた縁レースクロス¥28000、奥のレースクロス¥12000／ともに naughty

大好きなギンガムステッチを取り入れて、思いきりキュートに
マザーズバッグと哺乳瓶ケース

「ギンガムチェックは不思議な味わい。
ステッチも変幻自在。色も濃淡自在」

男の子のママなら
ブルー×茶で！

作り方 **78** ページ

型紙 **A**

着替えや紙オムツなどのベビーグッズがラクラク入る大きさにして、肩にかけられるデザインに。ポケットに刺したギンガムステッチが、可愛いアクセントになりました。ギンガムステッチを星形にしたり、裾にボーダーに刺してもきれいです。

制作：清水文子・河津洋子・榊原きみ子

ブルー系の布合わせでさわやかに。底面はキルティングラインの間に毛糸、持ち手はバッグ用のキルト綿を入れたので丈夫。

型紙 **A**

作り方 **79** ページ

1 サイドは、哺乳瓶ケースとおそろいの布で。大小さまざまなドットがアクセントに。**2** ギンガムステッチは、アメリカのアンティークショップで見たのが始まり。チェックの柄に合わせて刺せばいいので、簡単です。

哺乳瓶ケースにも、同じギンガムステッチを縦に入れました。リボンの先端はくるみボタンでドレスアップ。

道具入れにも、インテリア小物としてもひと役買ってくれます
おけいこバッグ

テキスト類が入るように、A4の大きさをベースに。カラフルなアップリケで、習いごとが楽しくなりそうです。土台布に使った水玉やストライプのパネル生地が気分を盛り上げます。壁にかけたら、子ども部屋が外国のキッズルームのよう！

制作：駒澤陽子・稲垣きみ子・徳永由美子・富岡みさ子・井門佳子

「お花 大好き！ 動物 大好き！ 女の子も男の子もワクワク」

愛きょうのある
キャラクターが
気に入って

動物の図案は、ドイツで見つけた「ミュルーズ染色美術館」の本を参考に。とぼけた表情がなんともキュート。

作り方 80 ページ

型紙 B

旅行中の衣類整理に大活躍します。
サイズ違いで作ってもいいですね

旅行用ファンシーケース

作り方 **84** ページ

旅行好きな私の必需品。ふたは3面にファスナーをつけてフルオープン式に。ネットを使ったので、外から中身が見えて、使い勝手も◎。使わないときはコンパクトに折りたためて、場所いらず。クロゼットの洋服や小物整理にも役立ちます。

制作：中山陽子・橋本久美

「楽しみをいっぱい詰め込んで
ホテルで開けるひとときを夢みて!!」

旅のおしゃれを楽しくするお役立ちアイテム
アクセサリーケースと ワイヤー入り化粧ポーチ

作り方 82 ページ

「部屋の片すみに置いて インテリアの ポイントにも」

出し入れしやすい 入れ口が特長

ワイヤー口金を入れると、入れ口が全開して使い勝手が格段にアップ。中身が一目瞭然で、手早くお化粧できます。

3つに区切った小さなポケットにはイヤリングやブローチ、ファスナー付きのポケットにはネックレスを入れています。これがあれば、旅先の衣装替えもラクラク。

リング（2個セット）¥7200、リング ¥7000、ネックレス¥9800／すべて MOMO natural 自由が丘店

旅先で行方不明になりがちなアクセサリー。写真上のケースは、内側にネックレスや指輪の指定席を作ったので、鎖が絡まる心配も解消。結びひもにヨーヨーキルトやボタンをつけても可愛いですよ。写真左の化粧ポーチは、ファンシーケースとおそろいのリンゴ柄を四角パッチしたもの。小さなボトル類なら立てたまま入れられます。入れ口にワイヤーの口金を通したので、入れ口が形崩れしないのも、うれしいポイント。

制作：吉野光子・高木輝美

「好きで集めたリボンがたまったら！
アクセサリーみたいに持ち歩きましょう」

大人の装いやよそ行きに、1つは欲しいバッグを手作りで
クラッチバッグ

接着キルト綿にリボンをすき間なく並べて、裏布や内袋を縫い合わせるだけ。ビロードやブレード、チロリアンテープなど好みの色柄で思いきり遊んでみて。リボンやテープが交差する箇所はキルト綿に縫いつけ、しっかり落ち着かせます。

制作：黛 秀子・二井真佐子・村瀬恵里

作り方 85 ページ

ポップな色のリボンでキュートに

カラフルなリボンを大胆に使ったり、生成りのレースでナチュラルカラーにまとめたりと、配色は自由自在。手持ちの服に合わせた色合いを考えましょう。配置を決めてから、キルト綿にのせてみて。

こんなにシンプルな作りです

長方形の袋を折って使います。内側にスナップをつけるだけの簡単な仕立てだから、初心者でも気軽に挑戦できますよ。

私のお気に入りの作品 BEST 5

日々の教室や展示会など、多忙といえば多忙ですが、自分の作品を作ることは
やはりとても大切。2年に一度の教室集大成の展示会「キルトフェスタ」に向けて
趣向を凝らしつつ仕上げた作品のなかで、最近のお気に入りをご紹介します。

ア・フィールド・オブ・フラワーズ
2010年

長年楽しんできたキルト作りですが、私は結局、シンプルなパターンに惹かれます。その単純なパターンの面白さにこだわって、中央に3cmの正方形を縫いつないだ作品。子どものころ、懸命に学んだ刺しゅうを加えたいと、花芯にはやさしく透けるようなヘデボ刺しゅうを施しました。

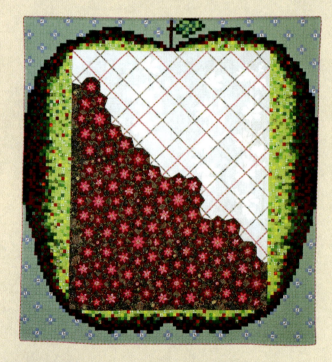

林檎とダリアのある風景
2011年

庭の片すみでダリアが咲き乱れる——そんな風景をイメージし、「晴耕雨読」の日々への憧れをキルトにこめて。「耕」の日は花壇や畑の手入れ、「読」の日はキルトに読書…そんなふうにすごせたら！

アトリエにも飾っています

大きな可愛いリンゴが出迎えると、生徒さんたちも思わず笑顔に。うまくいかないときも、楽しく制作することの大切さを、思い出してほしくて。

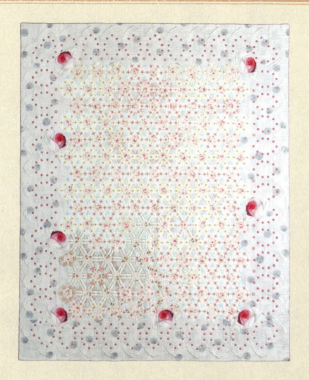

ロゼッタ(なにわいばら) 2013年

わが家の春を可憐に彩ってくれる白い一重のバラ"なにわいばら"がテーマ。ロゼッタという美しいパターンで一面を縫いつなげました。型紙は、1辺が同じ寸法の六角形・正方形・正三角形の3枚だけ。シンプルにはめ込み縫いをし、ボーダーは葉っぱのデザインでまとめ、初夏の庭を表現。「キルトフェスタ」の図録の表紙にも使用。

シンプリシティガーデン 2006年

まさにワンパッチの極み、といえる作品。日々の細切れの時間を縫いつなぐように、好きな布で、六角形の花びらを作りためました。花模様が変化したデザインといわれているペイズリーを中央に置き、気ままに、楽しい時間を継ぎはぐように…。ボーダーのランダム感もなかなかユニークでしょう？

春の星 2007年

あるアンティークの布との出会いが、この作品を作るきっかけでした。それに似合うパターンとして思いついたのが、星。春の夜空におぼろげにまたたく星をイメージし、鋭くきらめく冬の星とは違った、どことなく潤んで見える春の夜空を意識して配色しています。ボーダーも、センター部分の"春"を強調した色づかいに合わせました。

Bag & Pouch
Chapter 5

可愛い小さなポーチ

裁縫好きに欠かせないソーイングケースや、日々に役立つカードケースなど
見た目だけではない便利アイテムから
見た目の可愛さが最大の魅力のポーチまで、幅広くご紹介します。
サイズが小さいので、ビギナーさんの初トライにもぴったりですよ。

パッチワークで人気のバスケットの形に、お気に入りの生地を"クレイジー"につなげて。ヨーヨーキルトで縁どって、アクセントをプラスしました。二つ折り式の内側は、斜めに配したチェックやキャンディカラーの水玉の生地でリズミカルに。色とりどりのハサミケースやピンクッションがそろうと、ソーイングタイムがますます楽しくなりますよ。

制作：有木律子・滝田光子・福岡久子・
　　　渕上万里子・山田邦代

作り方 86ページ

型紙 B

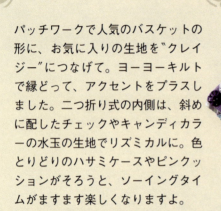

赤や紫色の
バージョンも
素敵

ピースにリックラックテープを縫いつけたり、ステッチしたりと、思い思いにアレンジ。ハサミケースの持ち手は、ヨーヨーキルトで裏側に固定。

もちろん使いやすさも
考えました

1 まずセンターの花柄の生地を決め、ほかの布を配置して。**2** 入れ口の赤いヨーヨーキルトを差し色に。

花形部分は針山に。ファスナー付きのポケットは定規やチャコペン、針ケース入れに重宝。

「カードや診察券 スマホも入ります。多目的に使って」

市販品から着想を得てでき上がったすぐれものです
じゃばらポケットのカードケース

作り方 **88** ページ

型紙 **B**

クレジットカードやショップのポイントカードなど、お財布に入りきらないカードは、このポーチにおまかせ。フラップに刺したアップリケ順序は、図案の下側にある絵柄から縫いつけるのが基本です。縫い代を4～5mmにし、縦まつりしましょう。

制作：鈴木貞子・藤浪里佳・滝川克子

なんと、カードが17枚も入ります

ふたを開くと、じゃばらとファスナー付きのポケットが。ファスナーのポケットは、銀行の通帳やパスポート入れに便利な、幅広サイズに仕立てています。

ベースの布を替えると雰囲気が一変

土台をドットやチェック柄の布にしても素敵です。土台布が落ち着いた色合いなら、アップリケは明るい色柄にするなどの工夫を。

一つひとつ表情が違うのは、パッチワークならでは
いちごのポーチ

ひし形の
パターンを
ズラリと並べて

「フルーティな香りがしてきそう。
そして、おいしそう!!」

作り方 90 ページ

型紙 B

ひし形の型紙1枚でできるワンパッチキルト。まだ青白く熟していないものから赤く熟した食べごろまで、おいしそうないちごが勢ぞろいしました。いちごのほかに、リンゴやブドウ、カットしたオレンジなど、シリーズで作っても可愛いですよ。

制作：93ページ参照

繊細かつ大胆なデザインで、持っているだけで華やかな気分に
ヨーヨーキルトのミニポーチ

「可憐な花がいっぱい。いつも春のよう」

ところどころにつけたボタンもポイントに

作り方 91ページ

型紙 B

28ページのバッグと同様に、直径6cm、5cm、4cmの3種類の布で作ったヨーヨーキルトを、ポーチに縫いつけました。アクセサリーやヘア用品などお出かけアイテムの収納に最適。いくつあってもうれしい大きさで、プレゼントにも喜ばれます。

制作：93ページ参照

column 3

私を支えてくれる家族と仲間

私がこれまで、パッチワークキルトを夢中で続けてこられたのは
理解ある家族や教室の仲間のおかげ。まさしく、かけがえのない存在です。
そんな周囲の人々のことを、少しお話ししましょう。

家族のこと
"公私ともに私を励ましてくれる存在"

アトリエと自宅が近いので、当然、仕事に家族も巻き込むことになるのですが、夫も息子も「キルトおぶはーと」に積極的に関わってくれ、本当に頼もしく思っています。夫はリタイア後にパッチワークに目覚め、今では誰よりも熱心な生徒さん。体調のことも考えて、「一日に針を持つ時間を決めて」と言っても、なかなか聞き入れてくれないほどの集中ぶりです。

そんな家族への感謝と愛情をこめた、家族のためのキルト作りは、私のライフワーク。昔から、どんな忙しい日々でも欠かしたことはありません。子どもはもう成人したけれど、結婚式のウエルカムボードやリングピロー、孫へのベビーキルトなどなど、アイテムは変わっても、いまだに家族のために手を動かすことがうれしくて。母親のロマンの押しつけかもしれないけれど、亡くなった母の手作りの刺しゅうが、私に母のぬくもりを与えてくれるように、私の気持ちを子どもに残したいのです。

家族への思いをキルトにこめて――

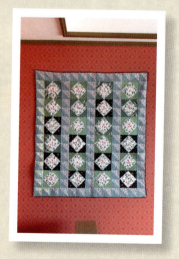

（上）自作の三つ編みマットや三角パッチのソファカバーを主役にしたリビング。マットは、次男の新居にも送りました。（中央）『赤毛のアン』に登場する厳格できれい好きなマリラが、お茶会のために仕立てたクロスをイメージして。（左）夫・杉本与司郎の作品。60歳を過ぎてから始め、こんなに細かい作品を完成させるまでに上達するとは驚き！ 少しでもわからないことがあると、朝から晩まで質問攻めの夫のやる気には、心から感心します。

仲間のこと
"ひとたびキルトを離れれば
頼もしい先輩、可愛い後輩"

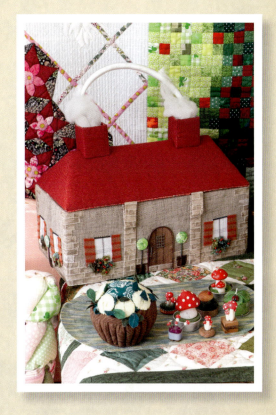

「キルトおぶはーと」を主宰した40数年前から、生徒さんたちとは常に、単なる先生と生徒の関係だけではなく、その方の人間性を尊重した関わり方をしたいと思っています。私は指導する立場ですが、生徒さんから教わることもたくさんあり、私を鼓舞してくれる存在なのですから。

そして、針を置けば、人生の先輩後輩として分け隔てなくつき合うのが私流。40代から80代まで！ いろいろな経歴をもつ生徒さんが集まっていますが、それぞれの持ち味をキルトに生かしてほしいので、その人のもつよさを、ふだんから見極めたいと思いながら接しています。

気づけば、私も生徒さんたちも、ずいぶん長くパッチワークキルトに関わってきました。今の自分の立ち位置はこれでいいのかと、ふと立ち止まることもあります。実際のところ、昨今、パッチワークに興味をもってくれる若い世代が減っているという事実は否定できず、一抹の寂しさを覚えます。

けれど、いつの時代にも、この魅力に気づく人は、必ずいるはずです。命が続くかぎり、一人でも多くの方にキルトの素晴らしさを伝えること——それが、今の私に与えられた使命ではないかと思っています。

> 「生活にも役立つものづくりを」
> そんな思いが
> 生徒さんの作品にも息づいています

（右上）ハウス形ソーイングボックス。煙突からは綿の煙が！（右）犬のぬいぐるみは、カラフルなポケットが道具入れ。（左）端ぎれで作ったミニクッションはポプリを入れても素敵！（制作／石井節子・有木律子・藤田和世・池田登志子）

column 3

私のお気に入りは
生徒さんたちにもどんどん教えて
取り入れてもらいます

　生徒さんにパッチワークキルトについてレクチャーするときは、自分が知っていることはすべて教えるのが私の信条。それを生徒さんが消化・吸収することで、新たなキルトが生まれ、私にも驚きをもたらしてくれる——その瞬間、何ともいえない感動を味わえるのです。そして、もっとキルトの世界が広がる。そんな気がします。

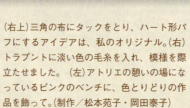

（右上）三角の布にタックをとり、ハート形パフにするアイデアは、私のオリジナル。（右）トラプントに淡い色の毛糸を入れ、模様を際立たせました。（左）アトリエの憩いの場になっているピンクのベンチに、色とりどりの作品を飾って。（制作／松本苑子・岡田泰子）

How to make
作りはじめる前に

＊作り方イラスト（66〜92ページ）の図中の数字の単位はすべて㎝です。

＊縫い代は、指定のあるもの以外はすべて1㎝つけて裁ちます。

＊しつけについては省略しています。

＊材料の布は縦（長さ）×横（幅）の順に表記しています。

＊用尺は多めに設定しています。

＊裁断前に、縦糸と横糸の織り目（布目）を正して、布のゆがみを解消し、正確に布を裁断できる状態にしましょう。軽く洗濯するか、生地を水に浸して陰干しをし、縦糸と横糸が90度になるようにアイロンを当てて、整えます。針通りがよくなり、ゆがみや洗濯時の縮みが防げます。

❶ 麻とレースのバッグとポーチ

22ページ掲載　実物大型紙はA面

バッグ

材料

表布A、後ろ布、底布、持ち手
……30×80cm
表布B……30×30cm
裏布、接着キルト綿……各30×80cm
持ち手芯……1cm幅×33cm
レース各種……適量
スパンコール、ビーズ……各適量
ボタン芯 直径1.8cm……3個
タッセル……1個

作り方

①本体前の表布A、Bをはぎ、接着キルト綿を貼る。
②Bの上にリボン、レース、ビーズを縫いつける。
③②と裏布を中表に合わせて、周囲を縫う（返し口を残す）。
④表に返して、返し口を縫いとじる。
⑤本体後ろ、底も、表布、接着キルト綿、裏布を重ねて同様に作る。底は1cm内側をキルティングする。
⑥本体の前と後ろを中表に合わせて、脇を巻きかがる。
⑦⑥と底を巻きかがる。
⑧持ち手を作り、脇にまつりつけ、くるみボタンとタッセルをまつりつける。

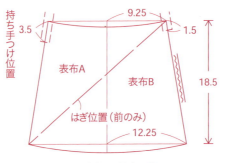
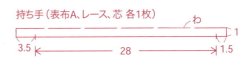
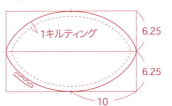
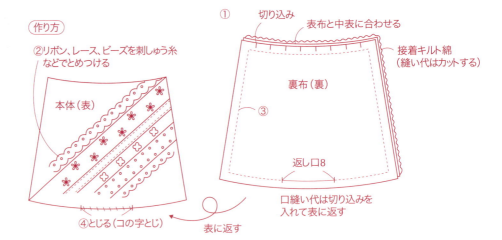
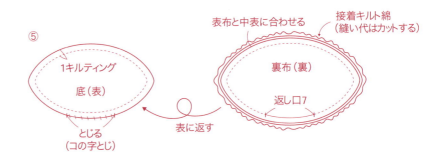
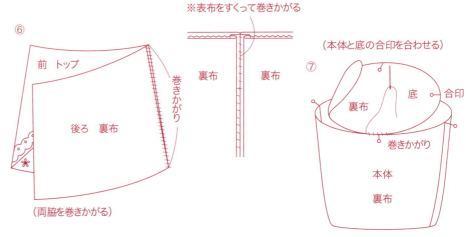

ポーチ

材料

表布、接着キルト綿、裏布
　……各50×30cm
レース、リボン、ビーズ…各適量
ファスナー 長さ13cm……1本
ビーズ……1個

作り方

① ポーチの前、後ろ、底の表布に接着キルト綿を貼る。
② 本体前にリボン、レースなどを縫いつける。
③ 本体前、後ろ、底に裏布を中表に重ねて周囲を縫い、表に返す。底は1.5cm内側をキルティングする。
④ 入れ口にファスナーをつけ、引き手にビーズをつける。
⑤ 脇を巻きかがりで縫い合わせる。
⑥ 底を縫い合わせる。

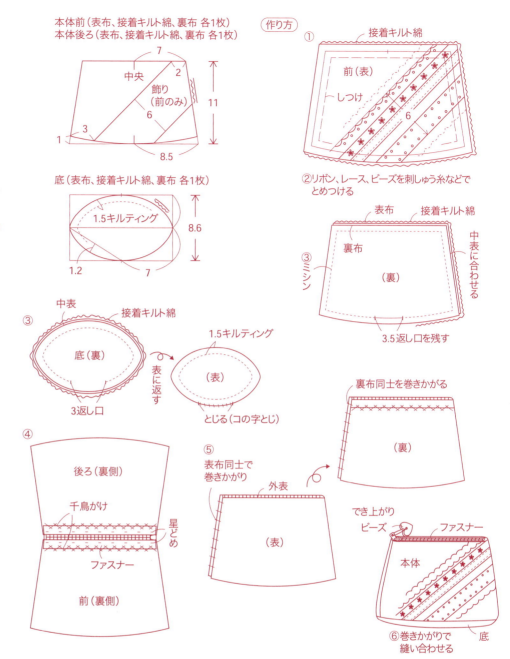

麻とレースのバッグの作り方つづき

❷ 四角つなぎの バッグとポーチ

24ページ掲載

バッグ

材料

パッチワーク用布 7×7cm……56枚
ヨーヨーキルト用布……17×17cm
パイピング用、持ち手用布……適量
キルト綿、裏布……各25×90cm
極太毛糸……5m

作り方

① ピースワークをして、本体A、B 各2枚と底のトップをまとめる。
② 本体のトップとキルト綿を重ねたら、裏布を中表に重ねて3辺を縫い、表に返す。
③ 底も同じように作り、返し口をとじる。
④ 本体A、B、底をキルティングする。
⑤ 各パーツを巻きかがりで縫い合わせる。
⑥ 入れ口側の辺をパイピングする。
⑦ 持ち手を作り、入れ口の内側にまつりつける。ヨーヨーキルトを持ち手内側にまつりつける。

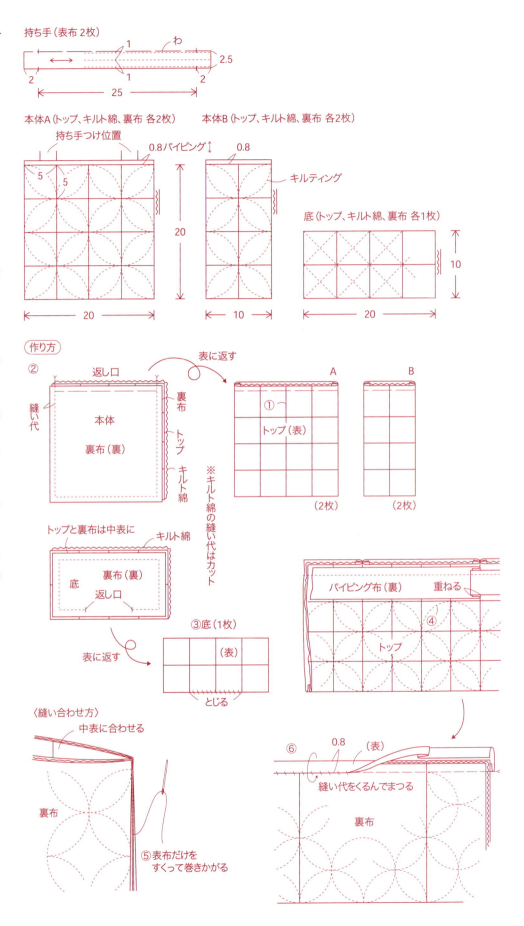

ポーチ

材料

パッチワーク用布 6×6cm ……20枚
パイピング用布……適量
キルト綿、裏布……各12×50cm
ファスナー 長さ15cm……1本

作り方

①〜⑥はバッグと同じ。
⑦入れ口にファスナーをつける。

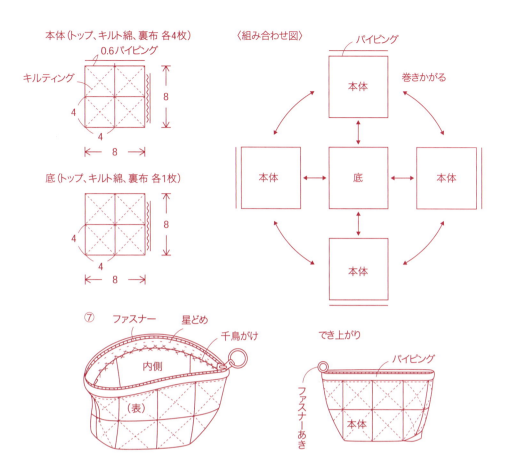

四角つなぎのバッグの作り方つづき

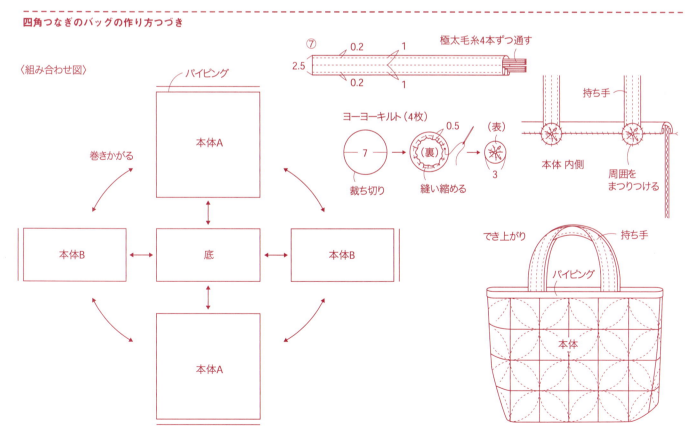

❸ ボール形バッグ

26ページ掲載　実物大型紙はA面

材料

表布（ウール生地）……数種
持ち手布（ウール生地）……適量
裏布……大：110cm幅×100cm、
　中：110cm幅×50cm、小：110cm
　幅×30cm
接着キルト綿……大：90cm幅×100
　cm、中：90cm幅×35cm、小：90cm
　幅×15cm
ボタン芯（持ち手用）……大：直径
　3.5cm×4個、中：直径2.4cm×4
　個、小：直径1.8cm×4個
ボタン芯（底用）……大：直径4cm×
　1個、中：直径3cm×1個
ボタンをくるむ布（ビロード生地）
　……適量
極太毛糸（持ち手の中に通す）
　……適量

作り方

①本体の五角形ピースを12枚作る。
②底の六角形ピースを1枚作る。
③底の周囲に本体を巻きかがりでつなぐ。
④持ち手を2本作り、中に極太毛糸を通す。
⑤くるみボタンを4個作る。
⑥でき上がった本体に持ち手をつけ、持ち手の端を隠すようにくるみボタンをまつりつける。

本体　五角形
　　　（表布、裏布 各12枚）縫い代1つける
　　　（接着キルト綿 12枚）裁ち切り

大 12cm
中 8cm
小 5cm（小）

底　六角形
　　　（表布、裏布 各1枚）縫い代1つける
　　　（接着キルト綿 1枚）裁ち切り

大 12cm
中 8cm
小 5cm（小）

持ち手　0.5縫う　3.5
18（小）

大 6幅×37cm（毛糸 20本）上り33.5
中 3.5幅×29cm（毛糸 10本）上り26.5　各2本
小 3.5幅×18cm（毛糸 10本）上り15.5

〈ピースの作り方〉

① 表布と裏布を中表に合わせる／ぐし縫い（ミシンでも可）／表に返す／返し口／とじる／本体（12枚作る）／1縫い代／接着キルト綿（裁ち切り）

② 表布と裏布を中表／ぐし縫い（ミシンでも可）／返し口／とじる／底（1枚作る）／1縫い代／接着キルト綿（裁ち切り）

でき上がり　持ち手　⑥くるみボタン　本体

〈ピースのはぎ方順序〉

③ 裏側から順番に巻きかがりで縫い合わせる／底／1.〜6.

入れ口　五角形をはめ込みながら巻きかがり／底

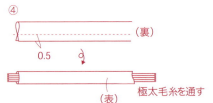
④ （裏）0.5 / （表）極太毛糸を通す

⑤くるみボタン（4個）
※大と中は底中央にも1個つける

縫い縮める
直径
大 3.5cm
中 2.4cm
小 1.8cm

ぺたんこバッグ

36 ページ掲載（左から A、B、C）
実物大型紙は A 面

材料

- 土台布……20×50cm
- パッチワーク用布 各種……数種
- キルト綿、裏布……各45×60cm
- 持ち手A（既製品）……2cm幅×35cm
- 持ち手B（既製品）……1.2cm幅×55cm
- 持ち手C（既製品）……1.2cm幅×40cm

作り方

① ピースワークをして、土台布とはぎ合わせる。
② 本体と裏布を中表に合わせ、キルト綿を重ねて周囲を縫う（返し口は残す）。
③ 表に返して、あけ口を始末する。
④ しつけをかけてキルティングする（2組作る）。
⑤ ④2枚を中表に合わせて、周囲を巻きかがりする。
⑥ 持ち手をつける。

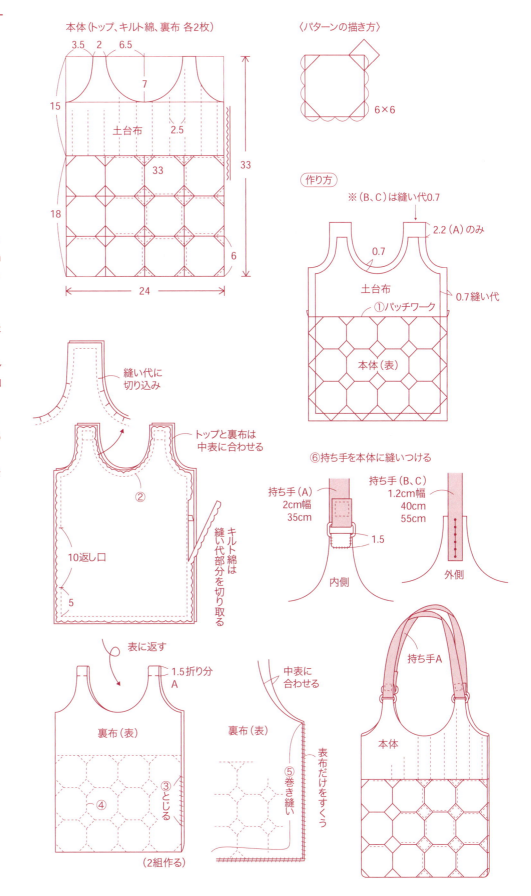

④ ヨーヨーキルトのバッグとポーチ

28ページ掲載　実物大型紙はA面

バッグ

材料

ヨーヨーキルト用布 各種……適量
土台布、薄手キルト綿
　……各30×60cm
裏布、内ポケット用布
　……40×60cm
持ち手付きがま口金 16cm幅
　……1個
飾りボタン……適量

作り方

① ヨーヨーのA〜Cを作る。
② 土台布にキルト綿を重ねてダーツを縫う。
③ ②とダーツを縫った裏布を中表に合わせて周囲をぐるりと縫う（返し口を残す）。
④ 表に返して、返し口をとじる。
⑤ 口金つけ位置、縫い合わせ部分を残してヨーヨー、ボタンをつける。これを2組作る。
⑥ ⑤の2枚を中表に合わせて、縫い止まりまで巻きかがる。
⑦ 内ポケットを作り、裏布につける。
⑧ 表に返して、縫い合わせ部分の上にもヨーヨーをつける。
⑨ 口金の溝に本体を入れて、返し縫いでがま口金をつける。

ポーチ

材料

ヨーヨーキルト用布 各種……適量
土台布、薄手キルト綿、裏布
　……各25×55cm
がま口金 12cm幅……1個

作り方

ヨーヨーキルトのバッグと共通（内ポケット・ボタンはなし）。

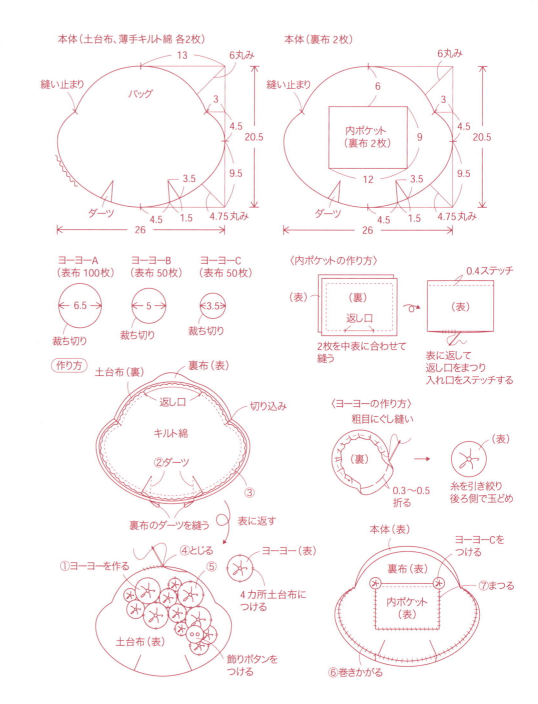

トートバッグ

材料

土台布、ヨーヨーキルト用布
……75×110cm

口布、持ち手用布……35×50cm

裏布（当て布、口ひもを含む）
……75×40cm

キルト綿……40×75cm

並太毛糸、極太毛糸、25番刺しゅう糸
……各適量

作り方

① 口布と土台布をはぎ合わせて、キルト綿を重ねる。

② ヨーヨーを24枚ずつつなげて2組作り、表布の両面に縫いつける。

③ 表布を中表に二つ折りにして、脇、まちを縫う。

④ 裏布で中袋を本体同様に作る（返し口を残す）。

⑤ 本体と中袋を中表に合わせ、入れ口を縫う。

⑥ 表に返して、返し口をとじる。

⑦ 口布をキルティングして、トラプント、フレンチノット・ステッチを刺しゅうする。

⑧ 持ち手を2本作り、つける。当て布を当てて、持ち手の端にまつりつける。

⑨ 口ひもを2本作り、つける。

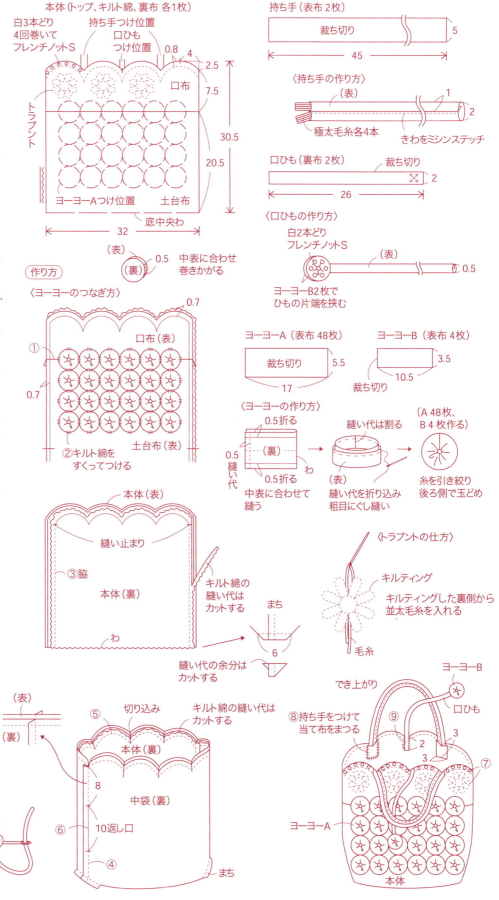

⑤ レモンスターのまち付きバッグ

30ページ掲載

材料
パッチワーク用布 各種……適量
表布、持ち手、パイピング用布
　……80×110cm
キルト綿……65×90cm
裏打ち布、裏布……90×110cm

作り方
① ピースワークをしてレモンスター4つの入ったブロックを4枚つなげ、表布とはぎ合わせ、本体のトップをまとめる。
② ①にキルト綿、裏打ち布を重ねてキルティングする。
③ 中表に二つ折りにして、脇、底、まちを縫う。
④ 入れ口をパイピングする。
⑤ 持ち手を2本作り、つける。
⑥ 裏布で中袋を本体同様に作り、入れ口の縫い代を裏側に折る。本体の中袋のまちの縫い代を中とじして本体と外表に合わせ、パイピングのきわにまつりつける。

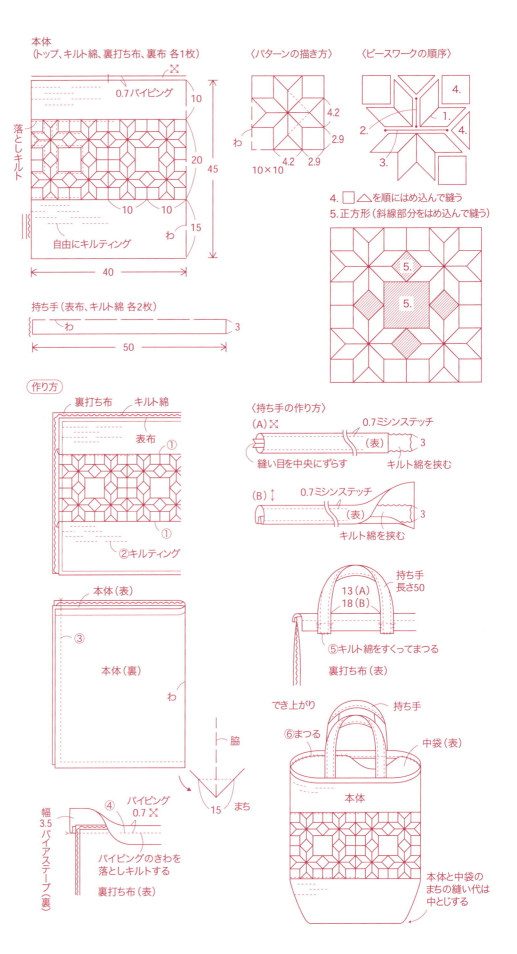

たためる エコバッグ

32ページ掲載　実物大型紙はA面

材料
表布、見返し用布……100×100cm
オーガンジー……65×110cm
スナップボタン 直径1cm……1組

作り方
① 本体表布にオーガンジーを重ねて、仮どめする。
② タブを作る。
③ 見返し奥を始末する。
④ 本体と見返しを中表に合わせて、入れ口と持ち手部分を縫う。これを2組作る。
⑤ 表に返して、持ち手部分(本体、見返しのそれぞれ)を、輪に縫い合わせる。
⑥ 本体2枚を外表に合わせ、脇から底を袋縫いで合わせる。このとき、タブを底に挟む。
⑦ 入れ口、持ち手まわりを端ミシンで押さえる。
⑧ まちを縫う。

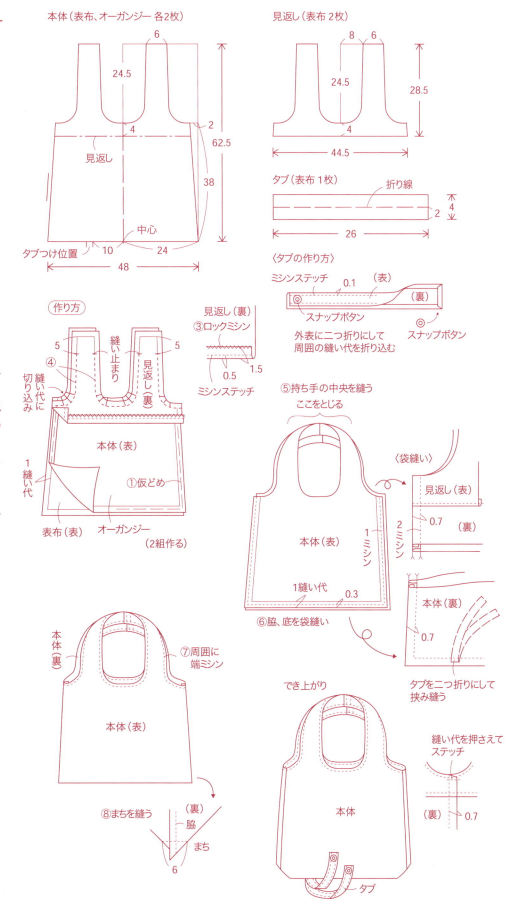

変わりマルシェバッグ

34ページ掲載
実物大型紙はA面（飾りのみ）

赤のバッグ

材料

ギンガムチェック地など
　パッチワーク用プリント地7種
　（1種は持ち手裏にも使用）
　……適量

持ち手表、パイピング、底布表用、
　底押さえ用布……36×110cm
裏布……75×110cm
接着キルト綿……50×135cm
極太毛糸……適量
マグネットボタン……1組
5番刺しゅう糸……適量

作り方

① ギンガムチェック地に刺しゅうをする（2枚）。
② 縦布をはぎ合わせて、トップをまとめる。
③ ②、接着キルト綿、裏布を重ねてキルティングをする。これを2組作る。
④ 底布は、3層を重ねてキルティングをする。
⑤ ③、④の縫い代を0.7cmに切る。
⑥ 本体の下端と底布を外表に合わせて、パイピングする。
⑦ 底を折り重ねて、底押さえ布をのせ、ミシンで縫いとめる。
⑧ 本体の両脇を外表に合わせて、パイピングする。
⑨ タブを2枚作る。マグネットボタンをつける。
⑩ 入れ口にタブを挟んでパイピングする。
⑪ 持ち手を作る。
⑫ 持ち手を入れ口につける。

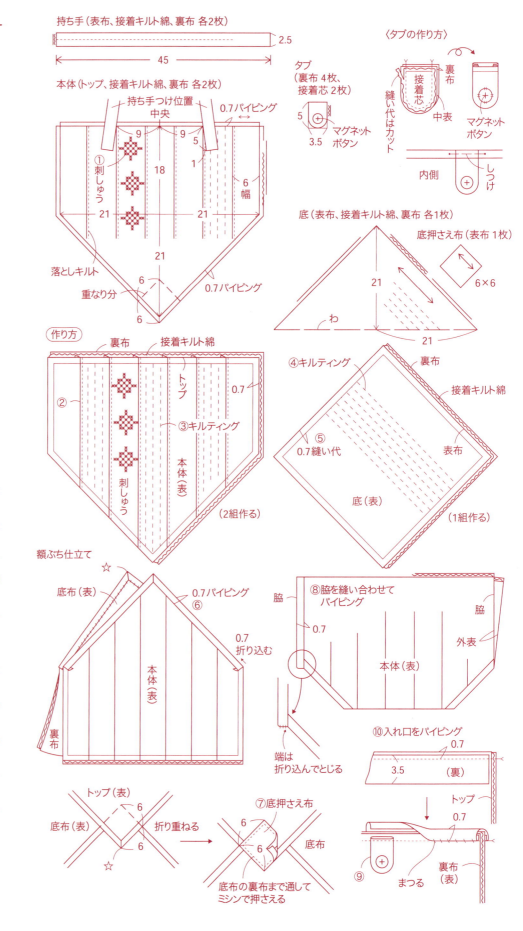

紫・茶のバッグ

材料

パッチワーク用プリント地 7種
（1種はくるみボタンにも使用）
……適量
持ち手、パイピング、底布表用、
　底押さえ用布……36×110cm
裏布……75×110cm
接着キルト綿……42×125cm
極太毛糸……適量
マグネットボタン……1組
（紫のバッグにのみ使用）
ボタン芯 直径3cm……6個
（茶のバッグにのみ使用）
アップリケ用布……適量
25番刺しゅう糸……適量

作り方

● 紫のバッグは、本体にくるみボタンを飾りつける。
● 茶のバッグは、本体前に飾りを縫いつける。入れ口の内側に、裏地で作ったショルダー用持ち手を挟み、縫う。
ほかは、赤のバッグを参照。

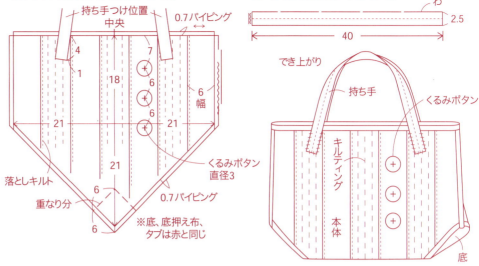

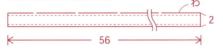

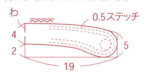

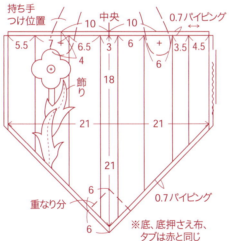

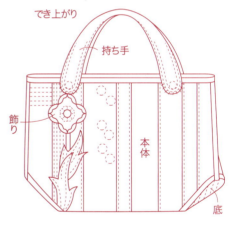

赤のバッグの作り方つづき

刺しゅう図案（0.8×0.8）
ギンガムチェック

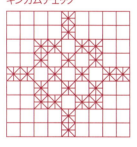

左のバッグの作り方のつづき

⑪ 持ち手を作る（2本）

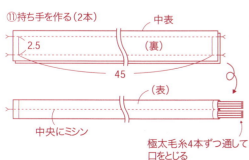

⑨ マザーズバッグと哺乳瓶ケース

42ページ掲載　実物大型紙はA面

マザーズバッグ

材料

パッチワークA・B用布
　……各35×15cm
パッチワークC、パイピング用布
　……20×60cm
土台用布　約0.8cm格子
　……35×90cm
表布、見返し、内ポケット、
　持ち手用布……70×90cm
キルト綿……100×125cm
裏布……70×110cm
プラスチック板……12×38cm
並太毛糸、5番刺しゅう糸
　……各適量

作り方

① 本体後ろ（底面を含む）と外ポケットの土台布に刺しゅうとピースワークをして、トップをまとめる。
② 本体前の表布と後ろのトップにキルト綿を重ねてキルティングする。（底面に毛糸を通す）
③ 外ポケットのトップを作り、キルト綿、裏布を重ねてキルティングし、入れ口をパイピングする。
④ 本体前に③を刺しゅうでつける。
⑤ 本体後ろの底面と本体前を中表に合わせて、本体前、外ポケットと底布を縫う。
⑥ 中表に二つ折りにして、両脇、まちを縫う。
⑦ 見返し、内ポケットをつけた中袋を本体同様に作る。返し口は残す。
⑧ 持ち手を作る。
⑨ 本体と中袋を中表に合わせ、持ち手を挟んで入れ口を縫う。
⑩ 表に返して、返し口をとじる。

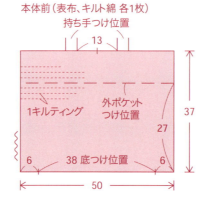

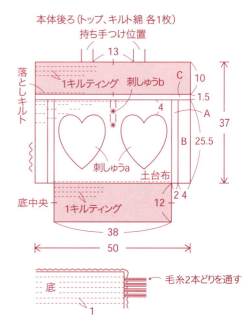

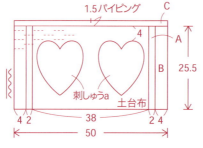

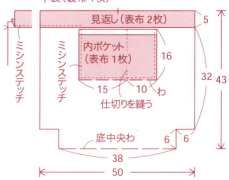

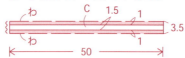

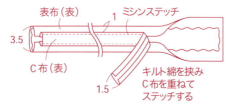

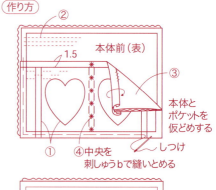

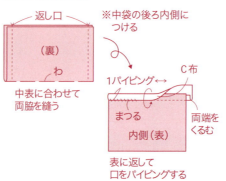

※刺しゅうa、b、cは実物大型紙A面参照

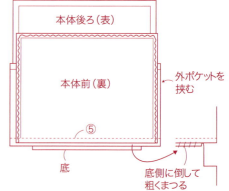

哺乳瓶ケース

材料

パッチワークA・B用布
　……各25×20cm
パッチワーク表布、口布、底用布
　……各35×35cm
土台布、くるみボタン用
　約0.8cm格子……各25×25cm
キルト綿……30×30cm
裏布……35×35cm
ボタン芯 直径2cm……4個
グログランテープ（幅0.7×100cm）
　……1本
5番刺しゅう糸……適量

作り方

① 土台布に刺しゅうとピースワークをして本体のトップをまとめる。
② ①、底の表布にキルト綿、裏布を重ねてキルティングをする。
③ 本体を中表にして輪を縫う。
④ ③と底を中表に縫い合わせる。
⑤ 口布を作り、本体に縫いつける。
⑥ ひもを通し、ひもの両端にくるみボタンをつける。

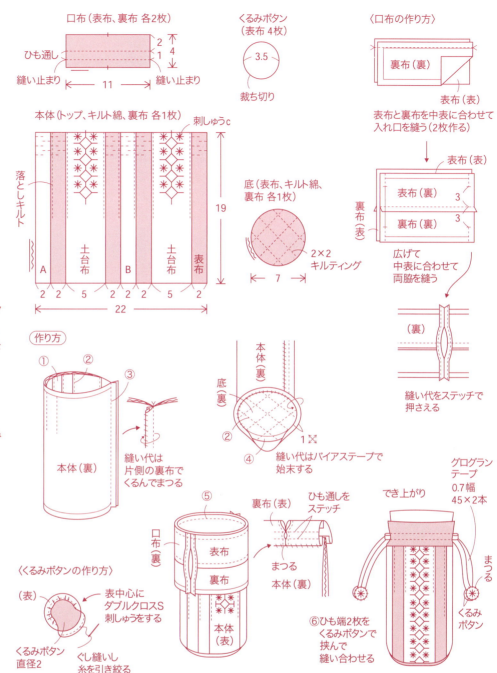

マザーズバッグの作り方つづき

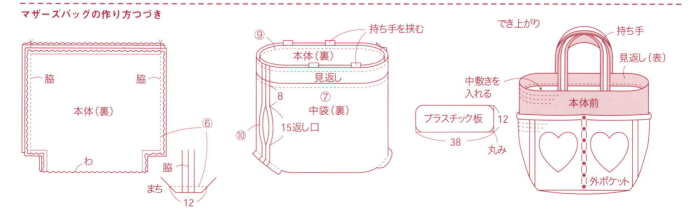

⑩ おけいこバッグ

44、45 ページ掲載
実物大型紙はB面（アップリケのみ）

材料

表布（本体、持ち手、
　パイピング用）……80×65cm
アップリケ用布数種……適量
キルト綿（本体、持ち手用）
　……40×70cm
裏布（本体、ヨーヨーキルト用布）
　……40×70cm

作り方

① 表布（本体前側）にアップリケをする。
② 表布の前、後ろを中表に合わせて、底を縫う。
③ ②にキルト綿、裏布を重ねてキルティングをする。
④ ③を中表に二つ折りにして、両脇を縫う。縫い代をくるみ始末する。
⑤ 口まわりをパイピングする。
⑥ 持ち手を作り、本体につける。つけ位置にヨーヨーキルトをのせてまつる。

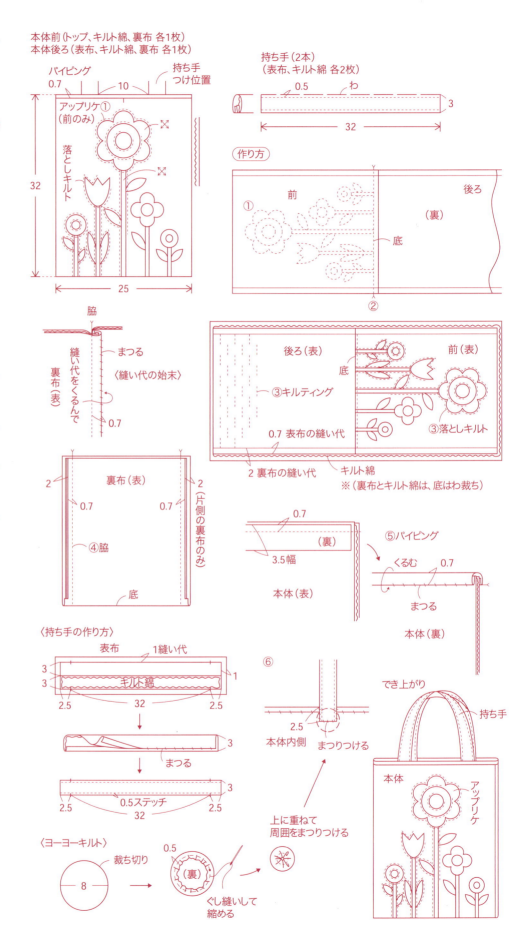

アップリケの point

アップリケは、形が自由に表現できるので、キルトによく利用される方法です。
花や葉など複雑な形のものは、角やカーブがきれいに出るように気をつけましょう。
縫い方のポイントをつかんで、立体感を上手に出して。

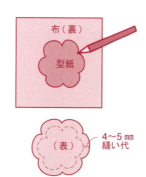
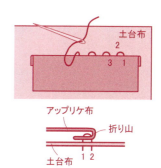

① トレーシングペーパーやチャコペーパーを使って、イラストのように土台布に図案を写します。

② 厚紙で型紙を作ります。アップリケ用の布の裏に型紙を置いて、でき上がり線を描き、縫い代を0.4～0.5cmつけて裁ちます。アイロンで縫い代を折って形をつけます。

③ 縦まつりで、表から糸が見えないようにまつりつけます。アップリケ布の折り山に針を刺し、真下の土台布を横にすくい、縫い代のやや中側から、また折り山に針を出します。糸をきっちり引くと、表からまつった糸は見えません。

アップリケのまつりは、布と同色の糸を使い、針も糸も細めのものを使うと、きれいに仕上がります。
また、縫う順序も大切です。どこを先にまつり、その上にどこをのせるかを、常に頭に入れておきましょう。
仕上げのアイロンは、土台布の裏からかけると、ふっくらとした立体感が出て、美しく仕上がります。

私のお気に入りテクニック

（この本にも出てきます！）

★ヨーヨー

丸くてクシャッと可愛い、小さなキルト。①丸く切った布を縫い絞る方法と、②長方形に切った布を縫い絞る方法があります（28～29ページの写真、作り方72～73ページ参照）。初心者でもお子さんでも、気軽にチャレンジできるほどの簡単さ。ワンポイントにしたり、ズラリと並べたりと、デコレーションにぴったりのアイテムです。時間のあるときに、たくさん縫いためておくといいですよ。

★トラプント

もともとは白い石こうの彫刻を布に表現する手法で、別名イタリアンキルトとも呼ばれます。布を2枚重ね、キルトラインを刺して、裏から綿を詰めたり、毛糸を通したりして、模様を彫刻のように浮き上がらせます（29ページの写真、作り方73ページ参照）。綿を詰めたときに陰影がくっきり出るように、針目はできるだけ細かくするのがコツ。立体感のある、印象的なキルトに仕上がります。

⑫ アクセサリーケースとワイヤー入り化粧ポーチ

47ページ掲載

アクセサリーケース

材料
- パッチワーク用、リングホルダー用布3種……適量
- 表布、裏布、本体内側布(パイピングコード用、バイアス布、ひも用バイアス布含む)……60×110cm
- キルト綿……30×30cm
- ファスナー 長さ14cm……1本
- コード……直径0.3×75cm
- スナップボタン 直径1cm……1組
- グログランテープ(幅1×30cm)……1本
- チャーム……2個
- 並太毛糸……適量

作り方
① ピースワークをして、本体外側のトップをまとめる。
② ①にキルト綿を重ねてキルティングする。
③ 本体内側にファスナーをつけ、裏布をまつりつける。
④ ポケット、リングホルダー、ひも、パイピングコードを作る。
⑤ ③にポケットを仮どめし、リングホルダーとスナップボタンをつけて、本体内側をまとめる。
⑥ 本体外側の周囲にパイピングコードを仮どめする。
⑦ ⑥と本体内側を中表に重ね、ひもを挟み、裏布を合わせて周囲を縫う(返し口を残す)。
⑧ 表に返して、返し口をとじる。

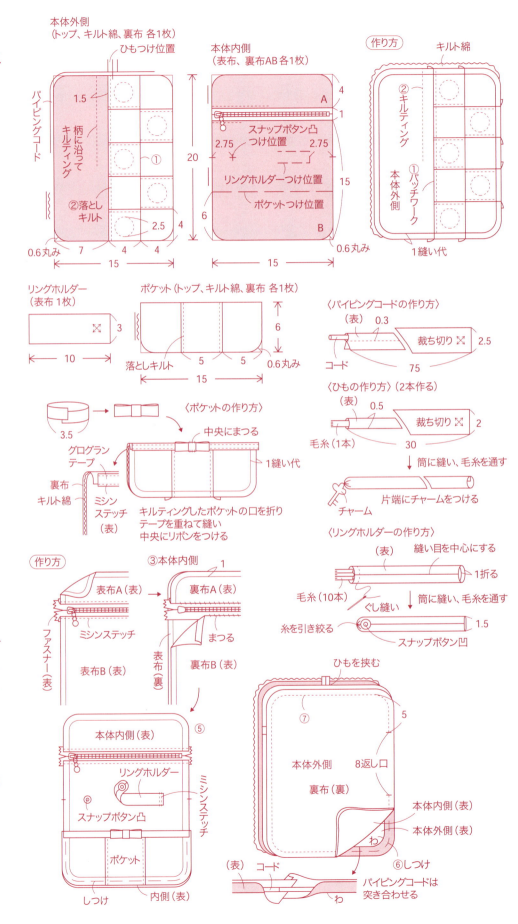

ワイヤー入り化粧ポーチ

材料
- パッチワーク用、くるみボタン用布 2種……適量
- 表布……30×30cm
- 接着キルト綿、裏布……各35×30cm
- ファスナー 長さ30cm……1本
- ボタン芯 直径2cm……4個
- ワイヤー口金……幅15cm

作り方
① ピースワークをして、表布とはぎ合わせ、本体のトップをまとめる。
② ①に接着キルト綿を貼り、キルティングする。
③ 中表に二つ折りにして、両脇、まちを縫う。
④ 脇のあき部分をしつけで仮どめし、ファスナーをつける。
⑤ 裏布で中袋を本体同様に作り、本体と外表に合わせて入れ口をファスナーにまつり、あきをまつる（口金通し口を残す）。
⑥ 口金通し位置を縫う。
⑦ 口金を通して、通し口をとじる。
⑧ ファスナーの両端にくるみボタンをつける。

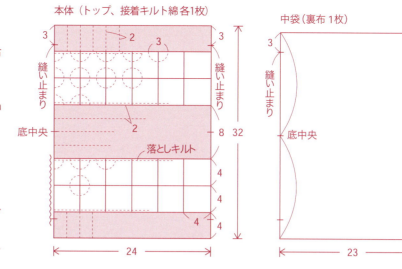

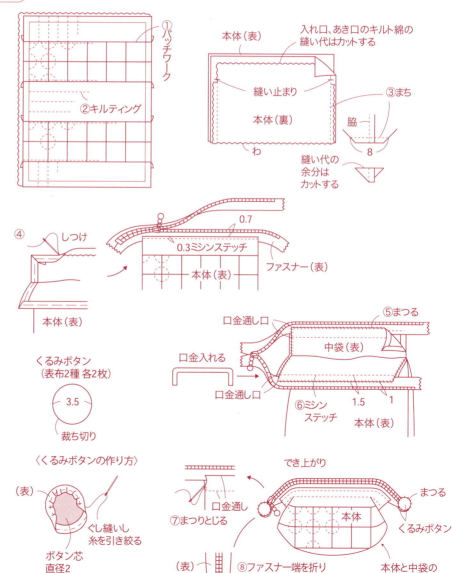

アクセサリーポーチでき上がり

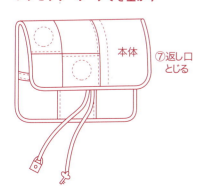

ファンシーケース

46ページ掲載

材料

パッチワーク用布2種……適量
表布……50×50cm
キルト綿、裏布……各50×110cm
メッシュ……45×30cm
パイピング用布……15×110cm
ファスナー 長さ88cm…1本

作り方

① ピースワークをして側面Aのトップをまとめる。
② ①と裏布を中表に合わせ、キルト綿を重ねて入れ口を縫い、表に返してキルティングをする。
③ 入れ口にファスナーをつける。
④ 側面B、底の表布にそれぞれキルト綿、裏布を重ねてキルティングする。
⑤ ③と側面Bを中表に合わせて輪に縫う。
⑥ ⑤と底を外表に合わせて縫い、縫い代をパイピングで始末する。
⑦ 上部にメッシュを外表に重ねて縫い、縫い代をパイピングで始末する。

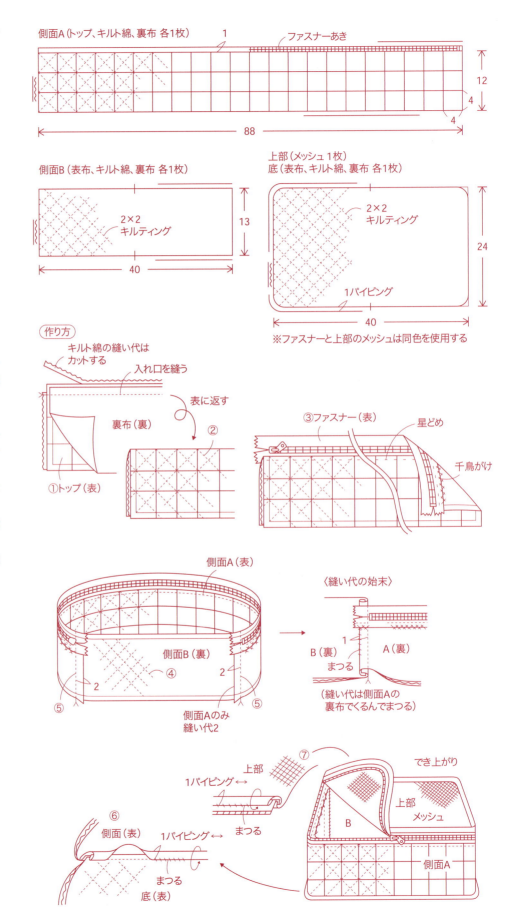

クラッチバッグ

48 ページ掲載

材料

メッシュワーク用リボン
　幅5.5〜1.5cm各種……適宜
表布……35×30cm
接着キルト綿、裏布
　……各65×30cm
後づけマグネットボタン
　直径1.4cm……1組

作り方

①接着キルト綿にでき上がり線を写す(2枚)。
②接着キルト綿にメッシュワークをして貼り合わせ、本体外側をまとめる。
③本体内側の表布に接着キルト綿を貼る。
④本体外側、内側と裏布をそれぞれ中表に合わせて入れ口を縫う。
⑤本体同士、裏布同士を中表に合わせて脇、底を縫う(返し口を残す)。
⑥表に返して、返し口をとじる。
⑦入れ口を星どめして、マグネットボタンをつける。

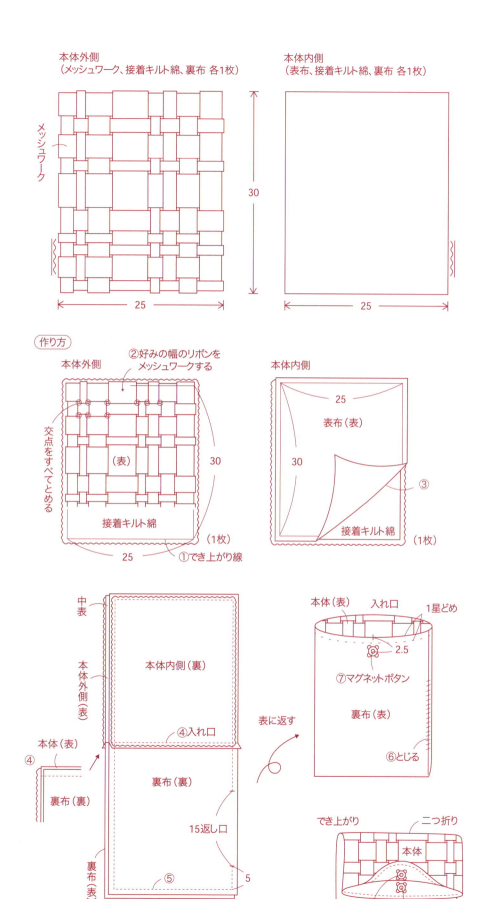

⑭ ソーイングケース&ハサミケース

52ページ掲載　実物大型紙はB面

ソーイングケース

材料

クレイジーキルト用布……適量
底まち用布……5×12cm
持ち手用布……20×20cm
（正バイアス3×17cm 2本）
ボタン芯 直径1.8cm……4個
ビーズ、ボタン、リボン、刺しゅう
　糸、毛糸(持ち手用)……各適量
スナップボタン直径1cm……1組
キルト綿、内側土台布…各25×40cm
内ポケット用布、接着芯
　……各9×20cm
ピンクッション用布、綿……各少々
ヨーヨーキルト用布 18枚分……適量
ファスナー 長さ17cm……1本

作り方

①外側を作る。クレイジーキルトを2枚作り、底まちをつけて1枚にする。
②①にキルト綿を重ねて、ピースのきわを落としキルトする。
③中央に花柄プリントをアップリケし、まわりにビーズとフレンチノットステッチをつける。ヘリンボーンステッチで刺しゅうする。
④内側を作る。内ポケットを作り、内側土台布につける。
⑤リボンのループを仮どめする。
⑥花のピンクッションを作り、綿を入れて、縫いつける。
⑦外側と内側を中表に合わせ、返し口を残して縫い合わせる。表に返して、返し口をまつる。口側をキルティングする。
⑧外側口にヨーヨーキルトをつける。
⑨持ち手を作り、内側に縫いつけ、くるみボタンをつける。内側口にスナップボタンをつける。

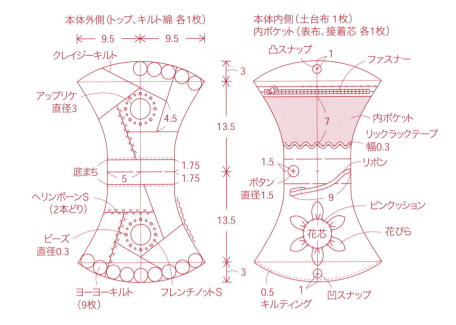

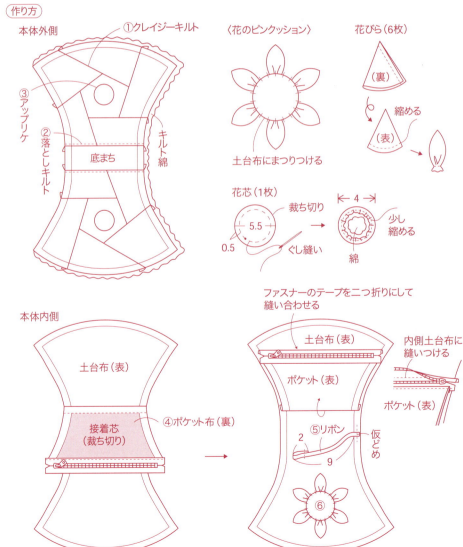

ハサミケース

材料

表布、接着キルト綿、裏布
　……各15×15cm
ヨーヨーキルト用布3枚分
　……適量
リックラックテープ0.3cm幅
　……8cm
飾りボタン直径0.5cm……2個
持ち手用テープ0.8cm幅……13cm
ビーズ直径0.3cm……20個

作り方

① 本体の、前と後ろを作る。
② 本体後ろに持ち手をつけ、持ち手の端にヨーヨーキルトをつける。
③ 本体前にアップリケし、飾りボタンをつける。
④ ②と③を外表に合わせて、ビーズをところどころに通しながら、脇から底を巻き縫いする。

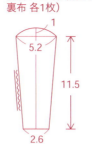
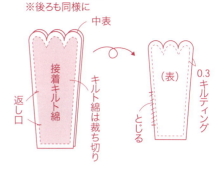
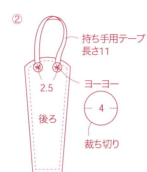
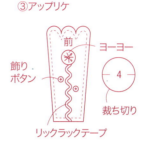
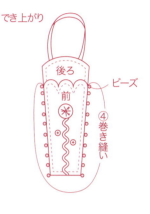

ソーイングケースの作り方つづき

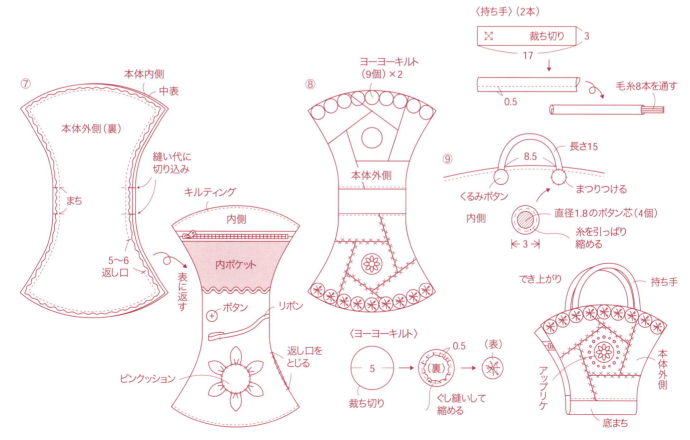

じゃばらポケットの カードケース

54ページ掲載　実物大型紙はB面

材料

表布、接着キルト綿、捨て布
　　……各35×20cm
裏布……55×110cm
　（本体、裏ポケット、じゃばら布用）
接着芯……25×40cm（ポケット用）
ファスナー　長さ17cm……1本
スナップボタン……1組
アップリケ布、刺しゅう糸
　（茶、ピンクなど）……各適量

作り方

① じゃばら布を5枚作る。
② ポケット布2枚それぞれに接着芯を貼る。
③ ②の1枚にじゃばら布の中央をミシンで縫いつける。
④ じゃばら布を重ねて縫い、カード入れ部分を作る。
⑤ ポケット布2枚でファスナーを挟み縫う。
⑥ 本体裏布（ファスナーの上テープ部分）に⑤を縫いつける。
⑦ 本体表布のふた部分にアップリケする。
⑧ 本体を3層重ねて、キルティングする。
⑨ ⑥と⑧を中表に合わせて、周囲をミシンで縫い、表に返す。
⑩ 返し口をとじ、アップリケ部分に落としキルトする。本体の周囲をランニングステッチする。
⑪ まちをつける。

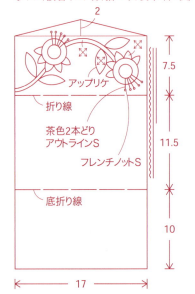

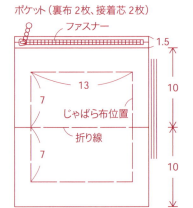

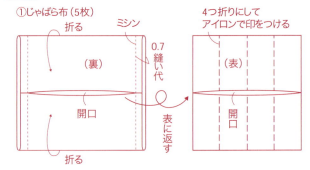

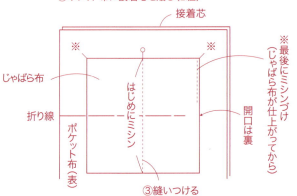

④じゃばら布の中央を2枚ずつ縫い合わせる

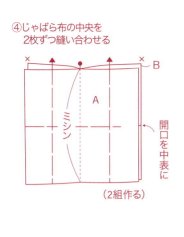

（2組作る）

〈じゃばらの縫い方順序〉

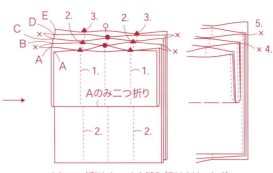

1. Aを二つ折りにして▲を縫う（Bはよけておく）。
2. BとCを合わせて▲を縫う。
3. DとEを合わせて▲を縫う。
4. AとBの両脇を合わせて×を縫う。
5. CとDの両脇を合わせて×を縫う。
6. 最後にEの両端をポケット布に縫いつける（⑤の※）。

⑦アップリケ

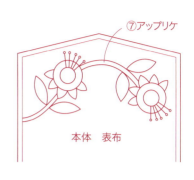

⑤ポケット口にファスナー

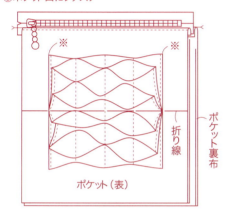

⑥本体の裏布にポケットをつける

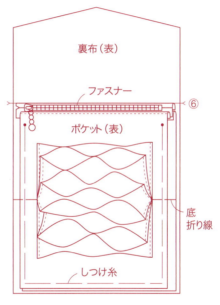

⑧3層重ねてキルティング

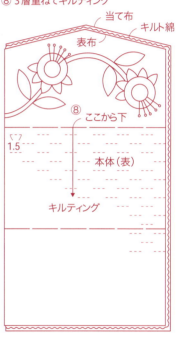

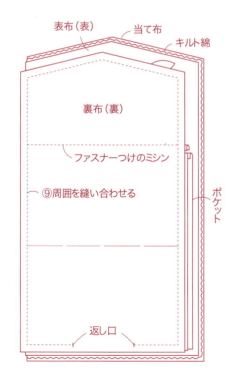

⑩表に返してアップリケの周囲に落としキルト

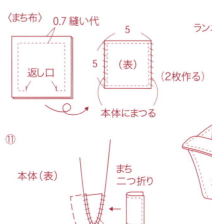

⑪

でき上がり

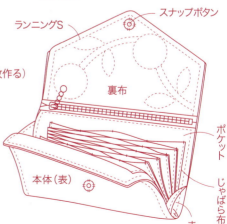

いちごのポーチ

56ページ掲載　実物大型紙はB面

材料
パッチワーク用布……適量
本体後ろの表布……20×30cm
裏布(本体前後の裏、
　バイアス布)……40×40cm
キルト綿(本体前、へた)
　……16×25cm
緑ストライプ地(へた、茎)
　……15×15cm
ファスナー 長さ13cm……1本
極太毛糸……少々

作り方
①ピースワークをして、本体前のトップをまとめる。
②①に裏布、キルト綿を重ねて、キルティングする。
③本体後ろにファスナーをつける。
④茎、へたを作る。
⑤本体の前と後ろを中表に合わせ、間に茎を挟み、周囲を縫い合わせる。縫い代は、バイアステープで始末する。ファスナー口から表に返す。
⑥へたをまつりつける。

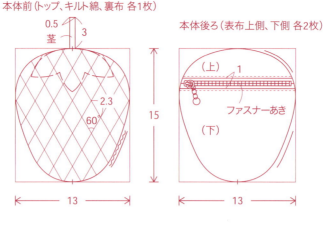
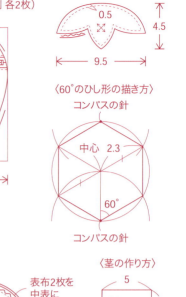
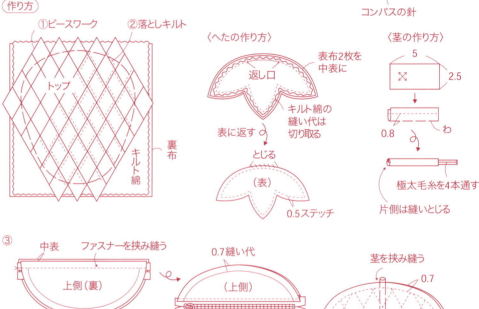
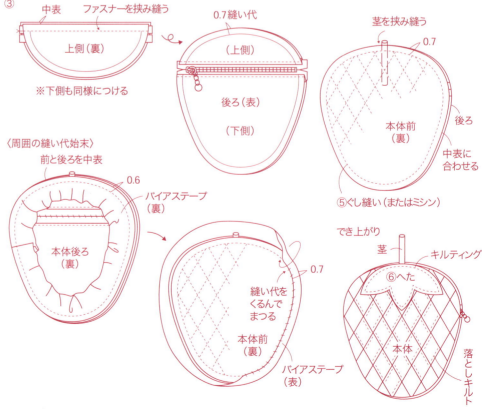

ヨーヨーキルトの
ミニポーチ

58ページ掲載　実物大型紙はB面

材料

土台布……13×40cm
裏布……13×40cm
キルト綿……13×40cm
ファスナー 長さ13cm……1本
（20cmファスナーをカットしても）
飾りボタン……適量

作り方

① 土台布、裏布、キルト綿を0.7cmの縫い代をつけて裁断する。3層重ねて周囲を縫う（返し口を残す）。
② 表に返して、返し口をとじる（2組作る）。
③ ②を中表に合わせ、脇から底を巻きかがる。
④ 入れ口にファスナーをつける。
⑤ ヨーヨーキルトを作る。
⑥ 表から⑤をランダムにとめつける。適宜、飾りボタンをつける。

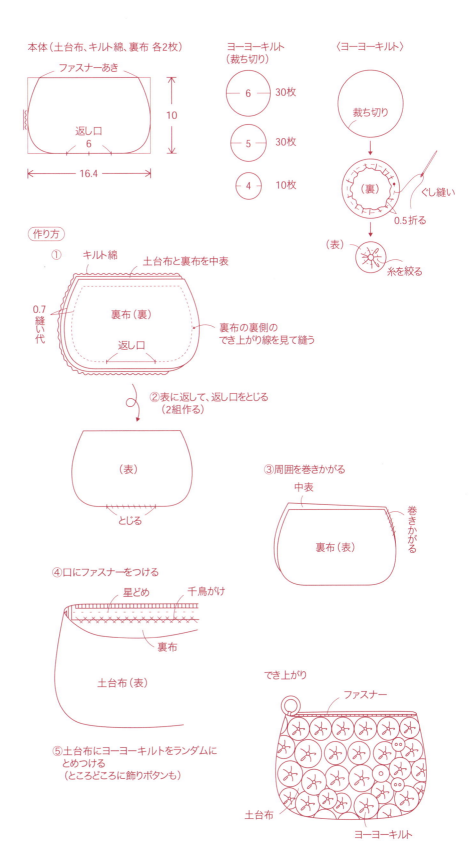

⑱ ユニオンジャックのポーチ

60ページ掲載　実物大型紙はB面

材料
土台布、パイピング用布
　……40×40cm
パッチワーク用布……適量
キルト綿、裏布……各35×25cm
ファスナー　長さ20cm……1本

作り方
① ピースワークをして、トップのユニオンジャックをまとめる。
② ①と後ろ布を中表に合わせて底を縫い合わせ、キルトラインを描く。
③ ②と裏布、キルト綿を重ねてしつけをかけ、キルティングをする。
④ ③を中表に二つ折りにして脇を縫い、図のように縫い代を始末する。
⑤ 入れ口をパイピングしてから、ファスナーをつける。
⑥ まちを縫う。

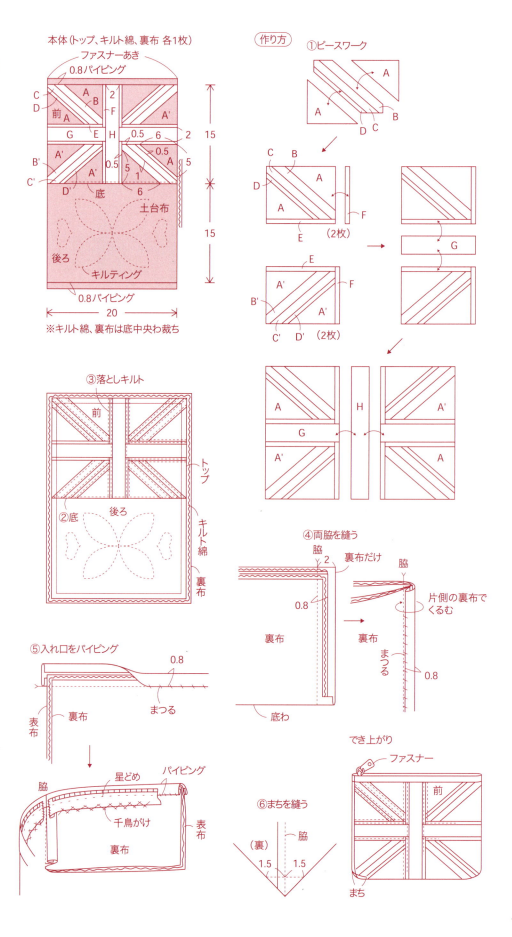

制作協力一覧

⓰ いちごのポーチ

勝又今日子	板橋和子	滝井ゆう子
桐原純子	福田節子	倉谷千里
岩村尚子	小嶋恭子	野村二美枝
林 惠子	高瀬和代	田中典子
近藤陽子	小野春美	田中小代子
間渕洋子	大野康子	伊藤葉子
那須加代子	秋葉智子	中野洋子
尾嶋律子	前川朝美	島田祥子
橋本千早	梅本睦世	有木律子
新保ひろ子	大橋弘美	

⓱ ヨーヨーキルトのミニポーチ

酒井博子	渡辺多恵子	片野坂恵美子	森田里江	矢島洋子
小林節子	一和多八重子	仲田美智子	下村咲子	岡本香代
峯岸柳子	山本由里子	大熊美和子	植田ふじ枝	新保ひろ子
津田登世美	白鳥恵美子	中原恵美	内山美穂	倉谷千里
小田中恵子	池田頼子	舘野みほ	三上真奈美	藤縄景子
石井宏子	北爪利枝	河合きみ子	武内ゆうみ	
佐藤則子	染谷恭子	佐藤明子	児玉美智子	
町田律子	波多野由紀子	加藤潤子	遠藤直子	
三浦久美	櫃間 愛	法兼 悦	鈴木葉子	
原沢比佐子	中澤真美	渡部佳子	古川充子	

⓲ ユニオンジャックのポーチ

新垣米子	竹尾陽子	遠藤葉子	西田市子	渡辺千代子
三浦賀子	澤本文代	矢島洋子	吉田由美子	川畑佳奈子
尹 惠郷	野々山泰子	原田一代	嶋野律子	本間真弓
石塚明子	岡田定子	浦川治美	浅井直子	新保ひろ子
鈴木町子	岡本香代	平石洋子	井口節子	新井ひとみ
古手川千恵子	山上悦子	松木千香恵	高橋節子	
渡井篤子	小出明子	有賀京子	中谷明子	
菊地康代	大塚法子	矢野幸子	大河原真佐子	
菊川茂子	堀口多起	大竹利美	遠藤紀子	
赤津智子	田中敏子	岩下美保子	横畠則子	

終わりに

あまり小物を作ったことのない私がアドバイスし
仲間たちと楽しく作ったバッグやポーチは
いかがでしたでしょうか?

でき上がった作品たちは、当初考えていたよりも
楽しく、可愛く、いとおしく映ります。

これからは、バッグやポーチを
自分のためだけではなく、誰かにプレゼントするために
もっと作っていきたいと思っています。
みなさんにも、楽しんで作るためのヒントにしてもらえればうれしいです。

最後になりましたが
編集担当の河森佑子さん、ライターの伊藤嘉津子さん
また、この本の出版に協力してくださったみなさん
そして、数ある本から本書を手に取ってくださった読者の方々に
この場を借りて御礼申し上げます。
ありがとうございました。

2015年1月
鷲沢玲子

あなたのお気に入りはどれですか？

少しずつでも手を動かして自分だけの作品ができていく楽しさを、ぜひ味わって！

著者
鷲沢玲子

東京都出身。1980年、東京・国立に「キルトおぶはーと」を主宰。定期的に著者と研究生のキルト作品展、「キルトフェスタ」を開催。次回、第15回は2016年に開催予定。『鷲沢玲子のキルト 赤毛のアンの部屋』(NHK出版)『鷲沢玲子のパッチワークキルト入門 プレーンキルト&サンプラーキルト』（日本ヴォーグ社）など著書多数。

キルトおぶはーと
〒186-0002 東京都国立市東1-10-56
☎042-576-9218 http://quilt-of-heart.com/

鷲沢玲子のパッチワークキルト
暮らしを楽しむバッグと小物

スタッフ

作品デザイン・制作　鷲沢玲子
取材　伊藤嘉津子
撮影　（作品）落合里美　（コラム3）木谷基一
　　　（プロセス）本間伸彦・岡 利恵子(本社写真編集室)
ブックデザイン　池上和子
スタイリング　南雲久美子
製図　上平香寿子・桜岡知栄子
イラスト・トレース　AD・CHIAKI（坂川由美香）・シホ
校閲　別府悦子
進行　福島啓子
編集　河森佑子・高橋 薫

編集人　細野敏彦
発行人　永田智之
発行所　株式会社 主婦と生活社
　　　　〒104-8357 東京都中央区京橋3-5-7
　　　　http://www.shufu.co.jp
　　　　編集部☎03-3563-5455
　　　　販売部☎03-3563-5121
製版所　株式会社アド・クレール
印刷所　凸版印刷株式会社
製本所　共同製本株式会社

材料協力

植村(INAZUMA)　京都府京都市上京区上長者町通黒門東入
☎075-415-1001
http://www.inazuma.biz

撮影協力

オルネド フォイユ　東京都渋谷区渋谷2-3-3 青山Oビル 1F
☎03-3499-0140
naughty　東京都渋谷区恵比寿南3-2-10 クイーンホームズB1
☎03-3793-5113
MOMO natural 自由が丘店　東京都目黒区自由が丘2-17-10 2F
☎03-3725-5120
アワビーズ
UTUWA
EASE PARIS
EASE N.Y.

Ⓡ本書を無断で複写複製（電子化を含む）することは、著作権法上の例外を除き、禁じられています。本書をコピーされる場合は、事前に日本複製権センター（JRRC）の許諾を受けてください。また、本書を代行業者等の第三者に依頼してスキャンやデジタル化をすることは、たとえ個人や家庭内の利用であっても、いっさい認められておりません。
JRRC(http://www.jrrc.or.jp Eメール：jrrc_info@jrrc.or.jp ☎03-3401-2382)
©鷲沢玲子 2015　Printed in Japan　ISBN978-4-391-14596-0

＊本書記事中の本文の価格表示は、例外を除き税別表示です。
＊充分に気をつけながら造本していますが、万一、乱丁・落丁がありました場合は、
　お買い上げになった書店か小社生産部(☎03-3563-5125)へお申し出ください。お取り替えさせていただきます。
＊本書の作り方についてのお問い合わせは「キルトおぶはーと」☎042-576-9218 まで。